新时代中国特色社会主义发展战略研究丛书

新辉煌

中国特色社会主义文化发展战略

高宁　　张光山　　李晓阳 ◎ 著

人民日报出版社

北京

图书在版编目（CIP）数据

新辉煌：中国特色社会主义文化发展战略 / 高宁，
张光山，李晓阳著 . -- 北京：人民日报出版社，2024.3
ISBN 978-7-5115-8103-7

Ⅰ.①新… Ⅱ.①高… ②张… ③李… Ⅲ.①中国特
色社会主义－文化事业－发展战略－研究 Ⅳ.① G12

中国国家版本馆 CIP 数据核字（2023）第 232083 号

书　　名：**新辉煌：中国特色社会主义文化发展战略**
　　　　　XINHUIHUANG: ZHONGGUO TESE SHEHUIZHUYI WENHUAFAZHAN ZHANLUE
作　　者：高　宁　张光山　李晓阳

出 版 人：刘华新
责任编辑：葛　倩
版式设计：九章文化

出版发行：人民日报出版社
社　　址：北京金台西路 2 号
邮政编码：100733
发行热线：（010）65369527　65369512　65369509
邮购热线：（010）65369530　65363527
编辑热线：（010）65363486
网　　址：www.peopledailypress.com
经　　销：新华书店
印　　刷：北京博海升彩色印刷有限公司
法律顾问：北京科宇律师事务所　010-83622312

开　　本：710mm×1000mm　1/16
字　　数：240 千字
印　　张：14
版　　次：2024 年 7 月第 1 版　　2024 年 7 月第 1 次印刷

书　　号：ISBN 978-7-5115-8103-7
定　　价：49.00 元

编写委员会

序　言

　　战略问题是一个政党、一个国家的根本性问题。党的十八大以来，面对国内外环境的深刻复杂变化，党中央对关系国家发展全局和长远的重大理论和实践问题进行深邃思考和科学判断，提出一系列重大战略思想、作出一系列重大战略部署、采取一系列重大战略举措，为新时代党和国家事业发展进一步指明了前进方向。新时代新征程，科学谋划和正确实施中国特色社会主义发展战略，对于坚持和发展中国特色社会主义，全面建设社会主义现代化国家、全面推进中华民族伟大复兴，具有决定性意义。

　　战略决定成败。习近平总书记指出："战略上判断得准确，战略上谋划得科学，战略上赢得主动，党和人民事业就大有希望。"[①]战略是筹划和指导全局的方略，关系到国家的安危、民族的兴衰、执政的成败。国家战略科学、正确，就能引领国家走向繁荣和昌盛；国家战略错误，将可能导致国家衰落，甚至灭亡。国家战略作为总体战略，筹划与运用国家总体力量，谋求国家的生存、安全和发展，制约和指导国家生活的所有领域。在由各种战略组成的体系中，国家战略处于最高层次，位于核心地位，发挥着主导作用。它不仅立足国家现实，而且关系国家未来；不仅具有宏观指导、整体协调作用，而且具有战略

[①]　中共中央文献研究室：《十八大以来重要文献选编》（中），中央文献出版社 2016 年版，第 45—46 页。

预置、前瞻布局的功能。国家战略这种特殊重要地位，决定了它对国家的兴衰必然产生直接、重大和深远的影响。因而，任何国家都要制定和实施顺应历史发展潮流、符合本国原则和力量条件、有助于实现国家利益的国家战略。

当今世界，和平与发展仍然是时代的主题，和平、发展、合作、共赢的历史潮流不可阻挡。但是，世界百年未有之大变局加速演进，大国关系进入全方位角力新阶段，世界进入新的动荡变革期。对一个国家而言，在一个安全与发展都存在激烈竞争态势的国际环境中，维护自身安全、谋求长远发展是其核心利益所在。因而，国家安全战略、国家发展战略是国家战略的两个基本方面。

发展和安全是一体之两翼、驱动之双轮。安全保证是实现国家发展的重要前提，没有安全的环境，发展常常会被干扰或打断，很难实现长远的发展；但从长远的角度看，落后就要挨打，要解决国家安全问题，必须依靠国家实力的发展，国家安全利益的真正实现有赖于国家发展利益的真正实现。因此，邓小平指出，"中国解决所有问题的关键是要靠自己的发展"，"中国能不能顶住霸权主义、强权政治的压力，坚持我们的社会主义制度，关键就看能不能争得较快的增长速度，实现我们的发展战略"①。

发展是党执政兴国的第一要务，是解决我国一切问题的基础和关键。国家发展战略是对一个国家整体发展的统筹、谋划、抉择与决策，具有以下基本特征：一是政治性。列宁说："政治就是参与国家事务，给国家定方向，确定国家活动的形式、任务和内容。"②国家发展战略是国家发展的政治目标和施政纲领，是治国理政的理论指导和大政方针。二是统领性。国家发展战略是国家总体战略，是对国家全面发展、长远发展的重大问题和领域进行全局性、统领性的筹划、谋略和抉择，而不是对某项具体工作或个别事项的部署和处置，不能以某方面某领域的发展战略取代国家发展战略。三是统筹性。国家发展战略涉及改革发展稳定、内政外交国防、治党治国治军，是一个具有高

---

① 《邓小平文选》第三卷，人民出版社 1993 年版，第 265、356 页。

② 《列宁全集》第 31 卷，人民出版社 1985 年版，第 128 页。

度综合性、关联性的整体，必须统筹兼顾，做到总揽全局、科学筹划，全面推进、重点突破，兼顾各方、综合平衡。四是稳定性。国家发展战略的既定利益目标，关系到国家、民族的生存与发展，不能因形势的变化而轻易改变，在涉及核心利益、根本利益的问题上通常不能让步，前进的目标不能丢失。但通向这个目标的道路如何走、怎样走更加有利，则可以依现实情况做出选择。因而，国家发展战略具有较强的刚性，在一定时期内保持相对稳定。

新时代需要新战略，新战略引领新发展。党的十八大以来，以习近平同志为核心的党中央对国家发展作出了一系列战略部署，形成了新时代中国特色社会主义发展战略。这一国家发展战略坚持以习近平新时代中国特色社会主义思想为科学指导，立足中华民族伟大复兴战略全局和世界百年未有之大变局，以中国式现代化全面推进中华民族伟大复兴为统揽，坚持党的全面领导、坚持以人民为中心、坚持新发展理念、坚持深化改革开放、坚持系统观念，统筹推进经济建设、政治建设、文化建设、社会建设、生态文明建设"五位一体"总体布局，协调推进全面建设社会主义现代化国家、全面深化改革、全面依法治国、全面从严治党"四个全面"战略布局，坚定不移贯彻创新、协调、绿色、开放、共享的新发展理念，以推动高质量发展为主题，以改革创新为根本动力，以满足人民日益增长的美好生活需要为根本目的，加快构建以国内大循环为主体、国内国际双循环相互促进的新发展格局，推进国家治理体系和治理能力现代化，实现经济行稳致远、社会安定和谐、人民安居乐业、国家繁荣富强，努力到 21 世纪中叶把我国建设成为综合国力和国际影响力领先的社会主义现代化强国。这一国家发展战略具有以下鲜明特征：

一是目标明确。党的十八大以来，党中央紧紧围绕"两个一百年"奋斗目标展开战略部署。党的十八大部署实施的重大战略重点以全面建成小康社会为引领；党的十九大作出从全面建成小康社会到基本实现社会主义现代化，再到全面建成社会主义现代化强国的战略安排；党的二十大报告明确提出，从现在起，中国共产党的中心任务就是团结带领全国各族人民全面建成社会主义现代化强国、实现第二个百年奋斗目标，以中国式现代化全面推进中华民族伟大复兴。

二是步骤清晰。在党的十三大"三步走"战略和党的十五大"新三步走"战略的基础上，党的十八大提出到 2020 年实现全面建成小康社会宏伟目标，党的十九大提出新时代"两步走"战略安排。党的二十大进一步明确提出，全面建成社会主义现代化强国，总的战略安排是分两步走：从 2020 年到 2035 年基本实现社会主义现代化；从 2035 年到本世纪中叶把我国建成富强民主文明和谐美丽的社会主义现代化强国。这些战略安排，清晰擘画了从全面小康到全面建成社会主义现代化强国的总体设计、阶段任务和战略路径。

三是统揽全局。党的十八大以来，党中央统筹推进"五位一体"总体布局、协调推进"四个全面"战略布局。习近平总书记指出："'五位一体'和'四个全面'相互促进、统筹联动，要协调贯彻好，在推动经济发展的基础上，建设社会主义市场经济、民主政治、先进文化、和谐社会、生态文明，协同推进人民富裕、国家强盛、中国美丽。"①"五位一体"总体布局和"四个全面"战略布局相互促进、统筹联动，覆盖内政外交国防、治党治国治军等各领域各方面各环节，二者统一于坚持和发展中国特色社会主义的宏伟蓝图，统一于国家由大向强发展关键阶段的历史进程，统一于党中央治国理政的战略设计。

四是系统部署。党的十八大以来，党中央在各领域各行业重点部署实施了几十项战略，形成了一体化国家发展战略体系，即以中国式现代化战略为总领，围绕科教兴国、人才强国、创新驱动发展、扩大内需、乡村全面振兴、新型城镇化、区域协调发展、主体功能区、可持续发展、开放、就业优先、健康中国、人口发展、国家安全、文化强国等部署多个方面基础性引领性战略，以重点领域和重点区域发展战略形成多维度支撑，以关键环节战略着力推动重点领域和重点区域发展实现战略突破，构建形成统一衔接、层次清晰、关联紧密、支撑有力的战略体系。这一战略体系紧紧围绕经济社会发展中的重大关系、主要矛盾、重点领域、关键问题和核心环节，通过一系列面、块、线、点相结合的战略部署，形成定位清晰、功能互补、逻辑统一的战略推进"施

---

① 习近平：《在庆祝中国共产党成立 95 周年大会上的讲话》，人民出版社 2016 年版，第 15 页。

工图"。

蓝图已经绘就，使命催人奋进。2023年2月7日，习近平总书记在学习贯彻习近平新时代中国特色社会主义思想和党的二十大精神研讨班开班式上发表重要讲话时强调，推进中国式现代化要"增强战略的前瞻性，准确把握事物发展的必然趋势，敏锐洞悉前进道路上可能出现的机遇和挑战，以科学的战略预见未来、引领未来。增强战略的全局性，谋划战略目标、制定战略举措、作出战略部署，都要着眼于解决事关党和国家事业兴衰成败、牵一发而动全身的重大问题。增强战略的稳定性，战略一经形成，就要长期坚持、一抓到底、善作善成，不要随意改变"①。这一重要论述为我们深刻理解国家发展战略的本质要求指明了方向，为运用战略思维推进中国式现代化提供了根本遵循。

一要增强战略的前瞻性。战略是管长远、管大势，心中有数、胸中有法才能做到未雨绸缪、从容应对，才能赢得战略主动。增强战略的前瞻性，就要深刻认识和把握事物发展变化的规律，站在时代前沿观察思考问题，把谋事和谋势、谋当下和谋未来统一起来，在掌握历史发展大势的主动中确定战略、确立方针、制定政策。特别是，当前我国发展面临新的战略机遇、新的战略任务、新的战略阶段、新的战略要求、新的战略环境，需要应对的风险和挑战、需要解决的矛盾和问题比以往更加错综复杂。这就要求我们增强忧患意识，坚持底线思维，居安思危、未雨绸缪，下好防范化解风险的先手棋，打好主动仗。

二要增强战略的全局性。不谋全局者，不足以谋一域。增强战略的全局性，就要从事物存在的整体性出发，抓住事物的根本性矛盾和全局性问题，立足全局、统筹局部，以根本性矛盾和全局性问题的有效解决，带动推进局部性矛盾和问题的化解，推动事物向更好的方向发展。我国是一个发展中大国，正在经历广泛而深刻的社会变革，推进改革发展、调整利益关系往往牵一发而动全身。这就需要牢固树立全国一盘棋思想，自觉在大局下行动，始终围

---

① 《习近平关于中国式现代化论述摘编》，中央文献出版社2023年版，第231页。

绕中华民族伟大复兴这一历史主题，着眼于解决事关党和国家事业兴衰成败的重大问题，不断推进我国经济社会全面发展和各项事业全面进步。

三要增强战略的稳定性。政贵有恒，治须有常。稳定性是保证战略顺利推进、如期实现的必要条件。增强战略的稳定性，就要深刻认识到战略本身不是一时的、一隅的，而是立足长远、着眼全局的，需要持之以恒地贯彻落实。新时代新征程上，我们要锚定全面建成社会主义现代化强国的战略目标，一张蓝图绘到底，一任接着一任干，不为任何风险所惧，不被任何干扰所惑，向着既定的战略目标勇毅前行。无论国际风云如何波谲云诡、国内形势如何复杂严峻，都要保持历史耐心，增强战略定力，坚持稳中求进、循序渐进、持续推进，以中国式现代化全面推进中华民族伟大复兴。

（郭海军　国防大学国家安全学院国家发展战略教研室主任、教授）

目　录

第四章　推进文化自信自强

第五章　发展社会主义先进文化，
弘扬革命文化，传承中华优秀传统文化

第六章　建设具有强大凝聚力和引领力的社会主义意识形态

第七章　培育和践行社会主义核心价值观

第 一 章

中国特色社会主义文化发展战略的理论基础

文化是民族的精神命脉，是国家综合实力的重要组成部分。文化发展战略，是关系文化发展的全局性、长远性、根本性问题。科学制定和实施新时代中国文化发展战略，对繁荣发展中国特色社会主义文化、建成社会主义文化强国、实现中华民族伟大复兴具有重要意义。

一、文化发展战略的基本理论

文化兴则国运兴，文化强民族强。先进文化既是经济社会发展的重要组成部分，也为经济社会发展提供精神动力和智力支持。是否重视文化的作用、是否具有推动文化发展的自觉与担当，成为一个国家、一个民族成熟与否的重要标志。依据世情、国情和时代的变化，制定相应的文化发展战略以促进本国文化的繁荣发展，日益成为世界潮流和趋势。

（一）文化的概念

人们对文化的概念较为熟悉，但又较难给出一致的定义。文化的内涵丰富，外延宽泛。就文化的来源而言，在古代中国，文化源自"由人化文"，文化是人的外化，主要指文治教化。《周易》提出："观乎天文，以察时变；观乎人文，以化成天下。"西汉刘向的《说苑·指武》中提出："圣人之治天下也，先文德而后武力。凡武之兴，为不服也；文化不改，然后加诛。"显然这里的"文化"与"武力"相对。而在西方，文化（Culture）一词最早源自拉丁文 Cultura，本义是耕种、居住、培育等。一直到 19 世纪中期，"文化"一词才开始作为专业术语使用。1871 年，英国学者泰勒在《原始文化》一书中曾对文化进行界定："文化或文明，就其广泛的民族的意义来说，乃是包括知识、信念、艺术、道德、法律、习俗和任何人作为一名社会成员而获得的能力和习惯在内的复杂整体。"① 这种将"文化"从精神层面进行的定义，深刻影响了后来的学者。随着实践和时代的发展，此后的不同学者、群体从不同视角、层面和参照系出发，对"文化"给出诸多定义。据 1952 年美国学者克罗伯和克拉克洪的统计，仅 1871 年到 1951 年的 80 年间，人们关于文化的定义多达 164 种。②

一般而言，文化有广义与狭义之分。从广义上讲，文化是指人类在改造客观世界的过程中创造出的一切物质成果和精神成果。这时的文化概念更多是在文明的意义上使用，有时也将制度成果囊括其中。这时的文化包括三种形态：一是人类在生产实践中创造的物质财富，即以衣物、建筑等为代表的物态文化。二是人类在社会生产中形成的思想观念和意识形态，即以哲学、宗教、理论等为代表的精神文化。三是人们在生产生活交往中形成的行为规范，即以法律法规、风俗习惯等为代表的制度文化。当然，这些不同形态的文化在不同民族、不同时代、不同领域又各有侧重，且各类文化形态之间也是相互影响、相互作用的。学者余英时在《从价值系统看中国文化的现代意义》中，就曾提出文化"四层次说"，即"物质层次""制度层次""风俗习惯层次""思想与价值层次"。

从狭义上讲，文化是指人类改造客观世界中所创造的精神成果的总和。其由外向内一般包括五个层面，即信息知识、情感艺术、道德法律、社会科学理论、信仰与价值观，其中信仰与价值观是文化内容的核心。文化生活作为上层建筑的一部分，是一定社会政治经济生活的反映，同时又反作用于前者。我们这本书中所论述的文化，主要特指中国特色社会主义文化。发展中国特色社会主义文化，就是"以马克思主义为指导，坚守中华文化立场，立足当代中国现实，结合当今时代条件，发展面向现代化、面向世界、面向未来的，民族的科学的大众的社会主义文化，推动社会主义精神文明和物质文

---

① ［英］泰勒著，蔡江浓编译：《原始文化》，浙江人民出版社 1988 年版，第 1 页。

② 肖冬松：《马克思主义及其中国文化研究散论》，人民出版社 2016 年版，第 305 页。

明协调发展"①。文化建设与经济建设、政治建设、社会建设、生态文明建设共同构成社会主义现代化事业"五位一体"总体布局。

文化的功能作用最直接地体现为"以文化人"。正所谓"国民之魂，文以铸之"。当然，文化的作用方式往往并非平地起惊雷式的，而是如春雨润物般，渗透于国民生活的方方面面、时时刻刻，潜移默化地影响着人们的思维方式、行为习惯和价值信仰。一个国家、一个民族在长期的文化传承沉淀中必然形成相应的文化传统、价值观念、道德规范，进而培塑出一国国民特有的信仰信念、民族性格和思维方式，进而影响国家的政治制度、经济模式、社会心理、军事战略等各领域，是国家综合实力的重要组成部分。

（二）文化发展战略的内涵

习近平总书记指出："战略问题是一个政党、一个国家的根本性问题。战略上判断得准确，战略上谋划得科学，战略上赢得主动，党和人民事业就大有希望。"② 一国的国家战略，实际是指围绕实现国家主权、安全和发展利益，对国家总体力量建设和运用全局的筹划和指导。国家战略在整个战略体系中不仅处于最高层，也处于最核心的位置，直接影响着一国的兴衰成败。实际上，各个国家都需要依据本国的内外环境，制定并实施反映时代要求、符合本国实际的国家战略，以维护和实现国家的当前利益和长远发展。就国家战略的类型而言，主要包括国家安全战略和国家发展战略两大类。当然，发展与安全是相互渗透、相互影响的，发展是安全的基础，安全是发展的条件。发展离不开安全，没有国家安全作保证，发展就不能持续甚至被打断；同样，安全也依赖于发展，安全问题的解决最终依靠国家实力的发展。

"发展战略"这一术语，最早于 1958 年由美国经济学家阿尔伯特·赫希曼在其《经济发展战略》一书中使用。我国在 20 世纪 70 年代引入这一概念，并在改革开放后普及和深化对发展战略相关问题的研究。所谓国家发展战略，

---

① 中共中央宣传部：《习近平新时代中国特色社会主义思想学习纲要》，学习出版社、人民出版社 2019 年版，第 139 页。

② 《十八大以来重要文献选编》（中），中央文献出版社 2016 年版，第 45—46 页。

是指以维护和促进国家发展为根本指向的全局性、长远性、系统性谋划。它是一个国家依据国际和国内形势环境，确立相应的战略目标，并通过科学的战略指导和方针政策，以相应的举措充分调动各方面力量以实现国家的全面可持续发展。一国的发展战略，包括多个层次、多个领域，既可以从层级上将其区分为国家总体发展战略和各类专项发展战略，如区域协调发展战略、科教兴国战略、人才强国战略等，又可以按照不同领域，区分为具体的经济发展战略、政治发展战略、文化发展战略、社会发展战略、生态文明发展战略。

其中，作为国家发展战略重要组成的文化发展战略，是指一国制定的有关文化发展的全局性、整体性和长期性谋划。"国家文化发展战略，是一个主权国家立足于自身经济社会文化发展的具体实际，着眼于时代特征和国际社会的未来走向而做出的文化发展总体规划和战略设计。"① 显然，文化发展战略是国家、政党等战略主体依据当前经济社会状况、外部环境和时代发展趋势，在对诸多客观因素分析的基础上充分发挥主观能动性，从整体和长远的角度来筹划设定文化发展的指导思想、目标任务、基本方略、战略举措及其实施方式等内容。文化发展战略事关一国文化发展的方向、目标、重点等重大问题，直接关系着文化的生产力、引导力和影响力。

文化发展战略具有与其他发展战略共同的特征。一是统筹性。文化发展战略的制定和实施，往往需要建立在对国家经济社会发展全局、对影响文化发展各种因素整体把握的基础上。准确把握一国的基本国情、经济社会发展阶段、世界发展趋势，理解把握一国的社会性质、文化传统和民众精神文化需求，横向对比借鉴他国文化发展模式，才可能制定出科学而符合实际的文化发展战略。此外，制定文化发展战略，既需要观照过去与现在，还需要统筹考虑近、中、远期目标；既需要统筹考量国家整体的利益，又需要关注不同民族、不同地区、不同行业的具体发展需求；既需要立足本国国情、统筹汇聚内部力量，又需要放眼世界、积极用好外部力量。二是统领性。就文化领域而言，文化发展战略事关整个领域发展的全局性筹划和抉择，事关文化发展

---

① 金民卿：《两个文明协调发展与当代中国文化发展战略》，《中原文化研究》2016 年第 1 期。

的各项重大问题，直接影响着文化发展的各个具体领域。因此，文化发展战略是文化建设发展的根本遵循，统领着未来文化的发展方向。实践证明，科学的发展战略，往往能引领并促进文化的全面发展。反之，错误的发展战略则会延缓、阻碍文化的发展进程，甚至走弯路、错路。三是稳定性。文化发展战略是管长远的，由于文化战略制定的依据即客观的现实状况往往具有相对稳定性。文化发展战略关涉国家重大利益、发展布局，因此一旦确定，往往不会随意更改。文化建设效果及效能发挥更具长期性，尽管在战略实施步骤、举措、方式等方面可以依据实践变化不断调整和完善，但总体战略具有相对稳定性。

二、中国特色社会主义文化发展战略的内涵特征

在社会主义现代化建设过程中，文化发展是"五位一体"中的重要"一位"，是坚持和发展中国特色社会主义的基本方略之一。

（一）中国特色社会主义文化发展战略的核心内涵

党的十八大以来，以习近平同志为核心的党中央从推进民族复兴的历史高度出发，强调文化自信是更基础、更广泛、更深厚的自信，要始终坚定文化自信；要牢牢掌握意识形态工作领导权，确立和坚持马克思主义在意识形态领域指导地位的根本制度，健全意识形态工作责任制；大力培育和践行社会主义核心价值观，注重用社会主义先进文化、革命文化、中华优秀传统文化培根铸魂；着力推动中华优秀传统文化的创造性转化、创新性发展，推动文化事业全面繁荣、文化产业快速发展，向世界讲好中国故事；等等。这一系列新理念新思想新战略，创造性回答了我国文化发展中的根本性问题，形成了符合我国基本国情、反映文化发展规律的文化发展战略，为建成社会主义文化强国、铸就中华文化新辉煌提供了科学指南。

中国特色社会主义文化发展战略内涵非常丰富。有学者对其构成要素进行了分析，强调"它包括文化发展战略依据、战略方针、战略目标、战略重

点以及策略原则等不同要素，这些要素之间相互作用、相互影响、相互制约"①。也有学者将其核心内涵概括为三个方面："一是坚决捍卫马克思主义的意识形态主导地位；二是坚决维护国家在文化领域独立自主的文化主权；三是确保中华民族文化的主体地位，传承五千年中华文明，并在新时代发扬光大。"②笔者认为，理解把握新时代中国文化发展战略的内涵，核心需处理好以下关系。

第一，正确处理马克思主义指导思想一元化与思想文化多样化发展的关系。随着我国社会主义市场经济的深入发展和对外开放的日益扩大，我国经济成分和经济利益更加多样化。与之相对应，思想文化日益多样化，呈现出百花齐放、百家争鸣的良好局面，这本身就是我们党领导下的社会主义文化繁荣发展的重要体现。从制度层面出发，社会主义制度要求我们必须坚持马克思主义在文化发展中的一元指导地位，同时，这也是我们党领导文化发展的重要战略选择。从文化发展的内在需求出发，多样文化的存续发展要求在众多价值评判标准中坚持以先进文化为引导。在我国，文化发展越是呈现多样化，越需要坚持马克思主义这一先进文化的一元指导。丢掉了这一点，就会动摇全国各族人民团结奋斗的思想基础，进而影响经济社会稳定，给党和国家带来灾难。因此，我国文化发展中的一元指导与多样化并存是辩证统一的：多样化并存是坚持一元化指导下的多样化并存，一元化指导是多样化并存交流交融中的一元化指导。

第二，正确处理传统文化与现代化的关系。中华优秀传统文化是我们的根和魂，蕴含了中华民族独特的精神追求，是发展中国特色社会主义文化的宝贵资源。毛泽东曾指出："从孔夫子到孙中山，我们应当给以总结，承继这一份珍贵的遗产。"③当然，传承中华优秀传统文化、实现古为今用，就必须对

① 杨立新、王丽：《文化发展战略要素及其策略选择》，《天津大学学报（社会科学版）》2007年第1期。

② 张小平：《新时代中国文化发展战略的内涵及世界意义》，《中国社会科学报》2018年9月6日，第8版。

③ 《毛泽东选集》第二卷，人民出版社1991年版，第534页。

传统文化进行扬弃，取其精华去其糟粕。同时我们也注意到，中华优秀传统文化是在不断创新发展的。只有通过持续汲取时代与实践的新成果，我们的文化才能实现现代化。正是在传承中华优秀传统文化血脉基因的基础上，我们正确认识和处理了传统文化与现代化的关系，才走出了不同于西方的中国特色社会主义文化发展道路。

第三，正确处理中外文化的关系。不同文化的交流互鉴，往往是促进文化发展的"催化剂"。面对世界各国文化间日益频繁的交流互通，新时代的中国必然保持开放性，坚持"中国立场"与"世界眼光"的统一。在坚持民族文化主体性的同时，我们始终大胆吸收借鉴其他国家和民族的优秀文明成果，做到"引进来"，同时不断增强中华文化的国际影响力，实现"走出去"。特别是面对当前一些国家推行的文化霸权、文化殖民，我们既敢于斗争、敢于较量，坚定文化自信，又倡导平等交流、互学互鉴、和而不同，推动不同文明间的平等对话，为人类文明的发展与进步贡献力量。

（二）中国特色社会主义文化发展战略的基本特征

除具备一般文化发展战略的统筹性、统领性、稳定性等特征外，中国特色社会主义文化发展战略还具有自身的特征。

一是科学性。中国特色社会主义文化始终坚持以马克思主义及其中国化的成果作为理论指导，积极作用于社会主义现代化建设的全领域、全过程，符合人类文明进步的潮流和趋势，是与封建主义、资本主义文化相区别的先进文化。

首先，中国特色社会主义文化始终坚持以马克思主义为科学的理论指导，具有高度的文化自觉和文化自信。马克思主义是对人类文明成果的继承与创新，指明了人类文明进步的趋势与方向，代表着无产阶级和最广大人民群众的根本利益，揭示了人类社会的发展规律。在我国，随着时代的发展，马克思主义不断与时俱进，始终顺应时代发展的要求，始终保持在内容上和形式上的积极创新，同时与中国的具体国情相结合，先后形成了毛泽东思想、邓小平理论、"三个代表"重要思想、科学发展观和习近平新时代中国特色社会主义思想，成为中国革命、建设和改革的指导理论。中国特色社会主义文化正是在马克思主义及其中国化的成果的指导下，既继承中华优秀传统文化，又勇立时代潮头，不断揭示自然与人类社会的普遍本质及发展规律，指引人们确立正确的世界观、人生观和价值观，不断坚定人民群众对马克思主义的信仰、对中国特色社会主义的信念、对改革开放和社会主义现代化建设的信心。

其次，中国特色社会主义文化是社会主义建设规律的反映，推动着经济社会的全面协调可持续发展。文化发展既是社会全面发展的组成部分，又是影响经济社会发展的重要因素。先进文化对经济社会发展起着积极的推动作用，而落后文化则阻碍着经济社会发展。社会主义文化中的先进科学技术作为第一生产力，直接推动着社会生产力的发展，引起人们的社会关系和思想观念的变革；社会主义的思想道德则不断提升社会成员的精神境界，着力抵御拜金主义、享乐主义等腐朽落后思想观念的消极影响，引导经济社会健康有序发展；丰富的文学艺术作品则充分发挥认知、审美、教育的功能，不断涵养人们的艺术审美趣味，提高人们辨别是非的能力和文化素养。中国特色社会主义文化通过引导和规范社会成员的思想与行为，凝聚社会各阶层的力量，为社会主义现代化事业的健康持续发展提供思想保证、精神动力和智力支持；立足于当代中国的改革开放和现代化建设实践，与我国社会主义初级阶段经济社会的发展规律相适应，时刻关注并回答时代的重大课题，积极作用于生产力的解放和发展、推动社会的全面进步。

最后，中国特色社会主义文化着眼于满足人民日益增长的精神文化需求，着力增强人民的精神力量。毛泽东曾指出："为什么人的问题，是一个根本的问题，原则的问题。"① 中国特色社会主义文化产生于人民群众的实践活动，始终站在人民群众的立场上，代表着人民的根本利益，反映着人民群众的呼声、愿望和要求，着眼于满足最广大人民群众而不是少部分人的精神文化需要。人民群众不仅是中国特色社会主义文化的创造者、建设者，而且是先进文化

---

① 《毛泽东选集》第三卷，人民出版社 1991 年版，第 857 页。

的受益者、发扬者。在我国现阶段，发展中国特色社会主义文化需要培养有理想、有道德、有文化、有纪律的"四有"新人，这也是我们在社会主义初级阶段推动人的全面发展的阶段性目标。中国特色社会主义文化提供了判断是非善恶的标准，逐步引导人们形成正确的思想观念，提升思想道德境界。同时，通过文化知识的传授和科学技术的普及，不断提高人们的劳动技能和创造才能，充分发挥其参与中国特色社会主义建设事业的积极性、主动性和创造性，不断滋养人民的道德美感，充盈人民的精神生活。

二是民族性。文化的产生与发展都处在一定的时空之中，是特定的民族在一定的社会历史条件下长期生产生活实践的产物。中国特色社会主义文化深深植根于中国的历史与现实土壤，凝结着中华民族文化的精华，是中华民族与其他民族相区别的重要特征，因而新时代中国文化发展战略具有民族性的特征。

一方面，中国特色社会主义文化具有本民族的文化表现形式，是包含中华各民族文化的整体文化。毛泽东在《新民主主义论》中指出，应当把马克思主义普遍真理与中国革命具体实践相结合，中国文化应有自己的民族形式。中华民族在悠久的历史中形成的价值观念、风俗习惯、道德礼仪、文学艺术、语言文字等都具有自己独特的风格。当然，中华传统文化内容庞杂，既体现保守性、历史性，也具有现实性，其中优秀的部分是当前文化建设发展的资源，糟粕的部分也可能成为现代文化发展的障碍。中国特色社会主义文化作为代表中华民族根本利益的先进文化，是建立在对中国传统文化批判继承的基础之上的，具有不同于其他社会主义文化的独特特征。同时，中国特色社会主义文化是多民族的整体文化。"文化的民族性，是指在多民族文化基础上的中华民族文化的整体性。"[1] 这种文化整体性要求既要尊重、保护和发展各个民族自身的文化特色和文化传统，以各民族文化的自身特色作为中华民族文化的组成部分，同时又要积极弘扬和培育整个中华民族的民族精神，坚决反对文化分裂主义，保证中华民族文化的整体存在和内在丰富性。

---

[1]　李德顺：《简论文化发展观与我国文化体制改革》，《文化学刊》2006 年第 1 期。

　　另一方面，中国特色社会主义文化不仅体现在形式、语言等方面的民族性，而且还体现在面对其他民族文化时的主体性坚持。在《新民主主义论》中，毛泽东曾对文化的民族主体性问题作过深刻的分析和说明，指出"中国应该大量吸收外国的进步文化，作为自己文化食粮的原料……但是一切外国的东西，如同我们对于食物一样，必须经过自己的口腔咀嚼和胃肠运动，送进唾液胃液肠液，把它分解为精华和糟粕两部分，然后排泄其糟粕，吸收其精华，才能对我们的身体有益，决不能生吞活剥地毫无批判地吸收"[①]。当前，全球化经济文化交流日益频繁，中国特色社会主义文化在与外来文化交流的过程中，必须警惕西方文化的"同化"。反对文化霸权主义，要求我们注重保持自身文化的民族特色。丧失了民族主体性、失去了本民族的文化传统，就动摇了中国特色社会主义文化存在与发展的根基。这种主体性一方面表现为我们对外来文化的主体选择性。何种文化因素属于优秀的人类文化成果，有利于推动我国社会主义建设，需要大力吸收引进；何种文化因素是西方的意识形态渗透，并不适合中国的国情，需要坚决抵制，这都需要以中华民族的根本利益为出发点加以仔细辨别选择。这种主体性还表现为对外来文化的消化吸收性：即使是对待外来的优秀文化，也必须将其与中国的具体国情相结合，经过我们的消化、吸收、改造，才能真正成为中国特色社会主义文化的有益组成部分，而照抄照搬的"拿来主义"只能是囫囵吞枣，对中国自身文化的发展有害无益。当前，中国特色社会主义文化的民族性集中体现为以爱国主义为核心的民族精神。正如习近平总书记指出："实现中国梦必须弘扬中国精神。这就是以爱国主义为核心的民族精神，以改革创新为核心的时代精神。"[②]民族精神是文化的核心，代表着民族文化中最具生命力的那部分内容。中国特色社会主义文化的民族特色要求我们立足于社会主义现代化建设的生动实践，大力弘扬以爱国主义为核心的民族精神，坚定不移地走中国特色社会主义文化发展道路。只有这样，才能充分发挥民族文化的凝聚力和创造力，激发广大人民群众建

---

①《毛泽东选集》第二卷，人民出版社1991年版，第706—707页。

② 习近平：《在第十二届全国人民代表大会第一次会议上的讲话》，《人民日报》2013年3月18日，第1版。

设中国特色社会主义事业的积极性、主动性和创造性，为实现中华民族伟大复兴中国梦凝聚更广泛的群众力量。

三是时代性。文化作为一个历史范畴，其展现的文化内容总是反映当时的经济、政治、社会发展状况，并随其发展而变化。中国特色社会主义文化以我国改革开放和社会主义现代化建设实践为源泉，孕育形成了以改革创新为核心的时代精神，在不断解决当今时代的各种思想热点难点问题中创新发展，具有鲜明的时代性。

首先，中国特色社会主义文化是近代以来中国文化发展的最新成果，为中国文化赋予了新的时代内容。中国近代文化的发展经过了一系列艰难而曲折的探索：从鸦片战争时期魏源的"师夷长技以制夷"呼吁开始，以洋务运动为代表的"中体西用"派强调学习西方的科学文化技术，而以戊戌变法为代表的资产阶级改良派和以孙中山为代表的资产阶级革命派则着手政治制度的变革，20世纪初以"科学和民主"为旗帜的新文化运动则侧重价值观念上的革新。中国共产党成立后，始终坚持马克思主义的指导，在推进马克思主义中国化的进程中，先后提出并推动新民主主义文化、社会主义文化、中国特色社会主义文化的建设发展。中国特色社会主义文化不仅继承了中华民族各个历史时期的优秀传统文化精神，而且将传统与现代有机融合，不断丰富民族文化的内涵。党的十八大以来，中国特色社会主义进入新时代，中国特色社会主义文化发展也进入了新时代，取得了全面深刻的巨大成就，发生了具有历史性的深刻变革，正在不断铸就社会主义文化新的辉煌。

其次，中国特色社会主义文化凸显了新的时代要求，反映了我国社会主义初级阶段的经济、政治、社会、生态文明的发展变化，形成了以改革创新为核心的时代精神。改革开放以来，我们不断解放思想，将马克思主义理论与中国的国情相结合，创造性地建立和完善社会主义市场经济体制，不断解放和发展生产力，逐步形成由经济、政治、文化、社会和生态文明构成的"五位一体"社会主义现代化建设总布局。而在此过程中逐步形成和发展起来的中国特色社会主义文化，始终关注社会生活变化的实际，引领多种社会思潮的发展方向，在不断创造众多优秀精神文化产品以满足人民群众日益增长的精神文化需求的同时，发出改革开放和社会主义现代化建设的时代强音。中国特色社会主义文化顺应时代的发展、社会的变革，逐步形成了一元指导下的多种文化并存发展的新局面，充分发挥先进文化对社会发展的推动作用，并以改革创新的时代精神激发人民群众的创造热情，为中国特色社会主义事业注入了生机与活力。

最后，中国特色社会主义文化以开放包容的态度不断吸收借鉴世界优秀文明成果，顺应了人类文明发展方向和时代潮流。人类学家弗朗兹·博厄斯曾指出，"人类的历史证明，一个社会群体，其文化的进步往往取决于它是否有机会吸取邻近社会群体的经验"①。一个民族只有处于与外界交流互通的状态中才能保持其旺盛的生命力，相反，封闭只会导致落后。当今世界，百年未有之大变局加速演进，新科技革命的发展推动经济全球化的浪潮越发汹涌，各国家与地区间的经济、政治、文化交往日益密切，不同文化形态在交流中碰撞融合，为我们吸收借鉴世界优秀文明成果提供了难得的机遇。中国特色社会主义文化的发展也正是顺应了人类文化日益交融的大趋势，体现了和平与发展的时代主题，同时也为人类社会的进步和发展贡献出中国力量。

三、制定和实施中国特色社会主义文化发展战略的重要意义

制定和实施文化发展战略，不仅对推动中国特色社会主义文化发展繁荣具有重要的引导和规范作用，而且作为社会主义现代化发展战略的重要组成部分，影响和作用于经济、政治、社会、生态文明等其他领域的发展，服务国家发展战略，为中华民族伟大复兴提供精神支撑。

（一）提升国家文化软实力的战略要求

文化软实力往往体现为一个国家的凝聚力，是一国综合国力的重要组成

---

① ［美］斯塔夫里阿诺斯著，吴象婴等译：《全球通史：从史前史到21世纪》，北京大学出版社2006年版，第340页。

和标志。国家是否强大，既看其经济、科技、军事等硬实力，也需考量其民族凝聚力、向心力等软实力。硬实力不行，国家可能一打就垮；软实力不行，国家可能不打自垮。一个国家的经济、科技、军事等硬实力可能一时落后，但只要全民族始终保持向心力、凝聚力，自强奋进，不断创新，是可以赶超的。随着时代发展特别是冷战的结束、经济全球化的深入推进和信息科技的迅猛发展，文化与经济、政治、科技等硬实力深度融合，软实力在国家综合实力中的地位和作用更加凸显。习近平总书记指出，体现一个国家综合实力最核心的、最高层的，还是文化软实力，这事关一个民族精气神的凝聚。我国文化软实力的提升，需要国家经济、政治、文化、社会、生态文明等各领域共同努力，攥指成拳形成合力。因而文化软实力的提升离不开社会主义文化的繁荣发展。

推动中国特色社会主义文化的大发展大繁荣，提升国家文化软实力，需要坚持走中国特色社会主义文化发展道路，不断深化文化体制机制改革，大力弘扬包括民族精神和时代精神在内的中国精神，推动文化事业全面繁荣、文化产业快速发展，努力传播社会主义核心价值观，讲好中国故事，向世界展示中华文化的独特魅力，而这些重大问题都与文化发展战略息息相关。

（二）实现中华民族伟大复兴的战略支撑

实现中华民族伟大复兴，离不开文化的繁荣兴盛。推动文化的发展，铸就中华文化新辉煌，是中国式现代化建设的重要内容，也为实现第二个百年奋斗目标、实现中华民族伟大复兴中国梦提供强大的价值引导力、文化凝聚力、精神推动力。

一方面，制定和实施新时代文化发展战略，是全面建设社会主义现代化国家、实现中华民族伟大复兴的题中应有之义。我们致力于建设的社会主义现代化强国，物质文明和精神文明需要协调发展。回顾来路，从改革开放初期提出"建设社会主义精神文明"到"有中国特色社会主义的文化"，再到"建设社会主义文化强国""建成社会主义文化强国"，文化建设始终是我国国家发展战略的重要组成。放眼未来，要实现第二个百年奋斗目标、实现中华民族伟大复兴中国梦，统筹推进"五位一体"总体布局、协调推进"四个全面"战略布局，文化建设是灵魂，文化为中华民族的发展提供最深沉和持久的力量。推动高质量发展，文化是重要支点；满足人民日益增长的美好生活需要，文化是重要因素；战胜前进道路上的各种风险挑战，文化是重要底气源泉。在新时代新征程上，人们对精神文化的需求更高，解决文化发展中区域、城乡等不平衡不充分问题迫在眉睫，这些都要求推进中国特色社会主义文化建设。

另一方面，制定和实施文化发展战略，是全面建设社会主义现代化国家、实现中华民族伟大复兴的精神支撑。先进的文化始终为经济社会发展提供思想引领、精神条件和智力支撑。一个国家、一个民族只有形成领先时代的先进文化，才能充分发挥文化的正向塑造功能、整合功能、导向功能和激励功能，提高国民素养、坚定国民自信，更好地处理人与自然、人与社会、人与自身的关系，进而推动国家的经济、政治、社会、生态文明等其他领域的发展。文化通过"化人"的功能影响国家其他领域的建设和发展，对一国综合实力产生的影响是更深层次的。同样，中国特色社会主义文化为全面建设社会主义现代化国家提供着强大精神动力和智力支持。在我们前进的过程中，必然"面对着人民文化需求的井喷式发展，面对着经济发展对文化反哺作用的更多需要，面对着迎战各类发展难题与风险考验对智慧、勇气与毅力的更大渴求"[1]。这些需求都需要通过着力推动文化现代化建设、推进社会主义文化强国建设来满足。

（三）推动构建世界文化新格局的战略需要

当前，世界百年未有之大变局加速演进，中华民族伟大复兴已进入不可逆转的历史时期，文化在国家综合国力竞争中的地位、作用日益凸显，不同思想文化的交流交融交锋更加频繁。一个国家、一个民族，如果没有独立且

---

① 沈壮海等：《文化强国建设的中国逻辑》，人民出版社 2017 年版，第 3 页。

深厚的文化作支撑，其在政治、制度、理论上的自信就会荡然无存，更遑论在风云变幻的国际舞台上站稳脚跟、持续发展。当前，我们在维护国家文化安全方面的任务更加艰巨，增强中华文化国际影响力的要求日益迫切。面对新的时代课题，制定和实施新时代中国特色社会主义文化发展战略，推动社会主义文化的繁荣发展，着力提升中华文化的凝聚力和创造力、吸引力和影响力，才能抢占世界文化价值的制高点，形成具有核心竞争力的软实力优势。

一方面，这是夺取国际文化竞争主动权的需要。文化竞争是综合国力博弈中貌似缓和实则最为隐蔽的较量。当前，大国间的文化竞争，不仅是推动国际文化战略格局调整的内在动力，更是影响大国兴衰和国际战略格局调整的重要因素。与经济、军事等领域的博弈相比，文化领域的竞争更抽象，更侧重思想、精神层面的较量，且无处不在、从未停止。随着国际战略格局的深度调整，大国间文化竞争愈加激烈，主要包括话语权争夺、文化产业竞争、文化安全攻防等，其核心是价值观念之争。在大国文化竞争中，我国既拥有自身独特的优势，但也面临一系列风险挑战。面对"西强东弱"的现有竞争态势和"东升西降"的未来发展趋势，我们惟有不断提升整体文化软实力，才能有力维护我国文化安全，掌握国际文化竞争的主动权。

另一方面，这是推动构建世界文化新格局的需要。与国际政治经济大变局相对应，世界的文化格局也正经历着前所未有的变革。面对经济全球化过程中一些国家推行的文化霸权和文化殖民，许多国家特别是广大发展中国家日益感受到来自文化思想领域的冲击与解构威胁，因而越来越重视自身民族文化的独立性，着力维护本国的文化主权。在这一背景下，世界文化的多样化发展成为大势所趋，"反对和抵制西方文化霸权，保护和发展民族文化，已成为各国人民越来越强烈的呼声，保持和尊重世界文化的多样性、丰富性，日益得到国际社会的广泛认同"①。原有的建立在文化霸权基础上的不合理国际

---

① 张小平：《新时代中国文化发展战略的内涵及世界意义》，《中国社会科学报》2018年9月6日，第8版。

文化秩序日益式微，新的国际文化格局在变革中重建。中国作为最大的发展中国家，始终着力推动世界多元文化的交流互鉴，倡导不同民族文化间的多样并存、和而不同，坚持"人类命运共同体"理念，以新时代发展战略助推国际文化新格局、新秩序的构建。

第 二 章

中国特色社会主义
文化发展战略的历史演进

中国特色社会主义文化发展战略始终在中国共产党的领导下进行，而中国共产党是具有高度文化自觉的马克思主义政党。新中国成立以来，中国共产党始终高度重视文化建设，始终坚持将文化工作置于社会主义伟大事业战略布局中统筹谋划、一体推进，并依据不同的时代和实际，形成一脉相承又与时俱进的社会主义文化发展战略，不断深化对文化建设发展规律的认识，带领人民取得丰硕的文化发展成果，探索出一条适合中国国情的文化发展之路。

一、"建设现代化的科学文化"战略构想

新中国成立后，以毛泽东同志为主要代表的中国共产党人在社会主义革命和建设的过程中，始终重视社会主义文化建设，提出"建设现代化的科学文化"的战略构想和一系列相关战略原则、战略指导和方针政策，强调坚持马克思主义在思想文化领域的指导地位，提出并贯彻"百花齐放、百家争鸣"的方针，推动社会主义文化的形成与发展。

（一）"建设现代化的科学文化"战略构想的形成历程

早在革命战争年代，毛泽东就提出"建立新民主主义文化"的战略构想，认为文化战线与军事战线共同构成"革命总战线"。1940 年 1 月，毛泽东在《新民主主义论》中勾画新中国蓝图时就指出："我们不但要把一个政治上受压迫、经济上受剥削的中国，变为一个政治上自由和经济上繁荣的中国，而且要把一个被旧文化统治因而愚昧落后的中国，变为一个被新文化统治因而文明先进的中国。一句话，我们要建立一个新中国。建立中华民族的新文化，这就

是我们在文化领域中的目的。"① 这里的新文化，实际就是指人民大众反帝反封建的新民主主义文化。当时的中国共产党人把建设新民主主义文化这一"新文化"作为自己的责任，把"新文化"作为建设"新社会""新国家"的重要内容，突出了文化建设的重要地位，积极探索着新民主主义文化的建设规律。新中国成立前夕召开的党的七届二中全会，进一步提出文化教育工作应该围绕生产建设这一中心工作并为此服务，强调文化为人民服务、为经济建设服务、为社会主义服务，着力探索并指明文化发展的方向。

新中国成立后，中国共产党领导人民"完成社会主义革命，消灭一切剥削制度，实现了中华民族有史以来最为广泛而深刻的社会变革，实现了一穷二白、人口众多的东方大国大步迈进社会主义社会的伟大飞跃"②。在社会主义革命和建设时期，以毛泽东同志为主要代表的中国共产党人在推进社会主义建设的过程中，进一步阐述了文化建设、经济建设与政治建设之间的辩证统一关系，确立了文化发展在社会主义建设中的重要战略地位。与此同时，中国共产党人不断探索符合中国国情的社会主义文化发展战略目标，并鲜明提出"现代化的科学文化"的建设目标。这一文化建设目标与当时提出的"四个现代化"紧密相关。1954 年 9 月，毛泽东在一届全国人大一次会议的开幕词中，提出"将我们现在这样一个经济上文化上落后的国家，建设成为一个工业化的具有高度现代文化程度的伟大的国家"的要求。③1955 年 10 月，毛泽东在会见日本国会议员访华团时指出，要把我国"由落后的农业国变为工业国，由文化落后的国家变成有现代文化的国家"④。1957 年，毛泽东在《关于正确处理人民内部矛盾的问题》和《在中国共产党全国宣传工作会议上的讲话》中，都有过相似的表述，即"将我国建设成为一个具有现代工业、现代农业和现代科学文化的社会主义国家"⑤。1959 年底 1960 年初，他在读苏联

---

① 《毛泽东选集》第二卷，人民出版社 1991 年版，第 663 页。
② 《中共中央关于党的百年奋斗重大成就和历史经验的决议》，人民出版社 2021 年版，第 14 页。
③ 《毛泽东文集》第六卷，人民出版社 1999 年版，第 350 页。
④ 《毛泽东文集》第六卷，人民出版社 1999 年版，第 483 页。
⑤ 《毛泽东文集》第七卷，人民出版社 1999 年版，第 207 页。

《政治经济学教科书》时，进一步丰实了这个思想，指出："建设社会主义，原来要求是工业现代化，农业现代化，科学文化现代化，现在要加上国防现代化。"①1960年，毛泽东在会见外宾时再次提出，"建设我们国家现代化的工业、现代化的农业、现代化的科学文化和现代化的国防"②。这些实际形成了"建设现代化的科学文化"的发展战略构想。

（二）"建设现代化的科学文化"战略构想的系统展开

为建设现代化的科学文化，中国共产党人始终强调坚持马克思主义在社会主义文化建设中的指导地位。毛泽东提出："无论在党内，还是在思想界、文艺界，主要的和占统治地位的，必须力争是香花，是马克思主义。毒草，非马克思主义和反马克思主义的东西，只能处在被统治的地位。"③在《论十大关系》中，毛泽东再次指出："我们的理论，是马克思列宁主义的普遍真理同中国革命的具体实践相结合。"④为此，我们党组织开展普遍的马克思主义理论学习，领导对错误文化思想的批判，指导对知识分子的思想改造，将马克思主义的方法论贯彻于文艺领域和学术研究中，确立了新的文化评价标准。

这一时期的中国共产党人，在继承革命战争年代文化政策的基础上，逐步探索提出社会主义文化发展的战略原则、指导方针，回答了文化为谁服务、如何发展等问题。毛泽东在《关于正确处理人民内部矛盾的问题》和《在中国共产党全国宣传工作会议上的讲话》中，鲜明提出文化要"为人民服务，为社会主义事业服务""为社会主义的国家服务"，明确了文化建设的根本目的和发展方向。同时，毛泽东还提出并系统论述了"百花齐放、百家争鸣"这一社会主义文化发展的指导方针，指出"艺术上不同的形式和风格可以自由发展，科学上不同的学派可以自由争论"⑤，强调"百花齐放、百家争鸣的方

---

① 《毛泽东文集》第八卷，人民出版社1999年版，第116页。
② 《毛泽东文集》第八卷，人民出版社1999年版，第162页。
③ 《毛泽东文集》第七卷，人民出版社1999年版，第197页。
④ 《毛泽东文集》第七卷，人民出版社1999年版，第42页。
⑤ 《毛泽东文集》第七卷，人民出版社1999年版，第229页。

针，是促进艺术发展和科学进步的方针，是促进我国的社会主义文化繁荣的方针"①。此后，我们党在文化建设方面积极倡导批判地继承、吸收和借鉴古今中外优秀文化成果，提出"古为今用，洋为中用""批判继承，推陈出新""文化建设要吸收大量知识分子"等具体的文化建设方针。

围绕"建设现代化的科学文化"这一战略构想，我们党领导人民着力恢复和发展文化领域的创作生产，注重调动文化工作者的积极性、创造性，着力提高广大人民群众的文化素养，一批文化馆、图书馆、文化宫、纪念馆等文化设施建成完工，一大批高质量的文化产品创作问世，文学艺术、哲学社会科学等得到较大发展，人民群众参与文化发展的积极性、主动性被充分激发。这一时期在小说、电影、戏剧、音乐、哲学等领域都获得新成就，仅1959年就拍摄故事片约80部，《梁祝》《上甘岭》《红岩》等文艺作品取得较大反响，全国扫除文盲工作取得巨大成就。这一文化发展战略的实施，对于推进社会主义文化建设发挥了重要作用。当然，我们在这一时期的文化发展实践中经历了曲折，但我国社会主义文化仍在探索中不断前进，党在社会主义革命和建设中取得的独创性理论成果和文化成就，为新的历史时期社会主义文化建设打下牢固的理论基础，也积累了宝贵的实践经验。

二、"建设社会主义精神文明"战略构想

1978年12月，党的十一届三中全会在北京召开。会议作出把全党工作的重点转移到社会主义现代化建设上来、实行改革开放的历史性决策，实现了新中国成立以来党的历史上具有深远意义的伟大转折，开启了改革开放和社会主义现代化建设新时期。在这一时期，以邓小平同志为主要代表的中国共产党人在经济社会领域推动改革开放的同时，对新时期社会主义文化的发展战略进行积极探索，形成并不断丰富"建设社会主义精神文明"的战略构想。

---

① 《毛泽东文集》第七卷，人民出版社1999年版，第229页。

（一）"建设社会主义精神文明"战略构想的初步形成

改革开放初期，以邓小平同志为主要代表的中国共产党人拨乱反正，在思想文化领域坚持"百花齐放、百家争鸣"的方针和"为人民服务、为社会主义服务"的方向，在强调以经济建设为中心、建设高度物质文明的同时，及时提出"建设社会主义精神文明"这一重大命题。在 1979 年 10 月 30 日中国文学艺术工作者第四次代表大会上的祝词中，邓小平明确指出，"我们要在建设高度物质文明的同时，提高全民族的科学文化水平，发展高尚的丰富多彩的文化生活，建设高度的社会主义精神文明"[①]，强调："没有这种精神文明，没有共产主义思想，没有共产主义道德，怎么能建设社会主义？"[②] 我们党将社会主义精神文明置于与社会主义物质文明建设同等重要的战略地位，提出物质文明和精神文明"两手抓、两手都要硬"，初步形成了"建设社会主义精神文明"的文化发展战略构想。

邓小平对"社会主义精神文明"的内涵要求、根本任务、战略方向等进行了系统阐释。他在《贯彻调整方针，保证安定团结》中，提出："所谓精神文明，不但是指教育、科学、文化（这是完全必要的），而且是指共产主义的思想、理想、信念、道德、纪律，革命的立场和原则，人与人的同志式关系，等等。"[③]1982 年，党的十二大从建设有中国特色社会主义的战略高度，第一次比较系统地阐述了社会主义精神文明建设的有关问题，首次把努力建设高度的社会主义精神文明作为社会主义的重要特征，作为社会主义制度优越性的重要表现，明确把社会主义精神文明分为文化建设和思想建设两个方面：文化建设指的是教育、科学、文学艺术、新闻出版、广播电视、卫生体育、图书馆、博物馆等各项文化事业的发展和人民知识水平的提高；思想建设包括工人阶级的、马克思主义的世界观和科学理论，共产主义的理想、信念和道德，同社会主义公有制相适应的主人翁精神和集体主义精神，同社会主义政治制

---

① 《邓小平文选》第二卷，人民出版社 1994 年版，第 208 页。

② 《邓小平文选》第二卷，人民出版社 1994 年版，第 367 页。

③ 《邓小平文选》第二卷，人民出版社 1994 年版，第 367 页。

度相适应的权利义务观念，为人民服务的献身精神和共产主义的劳动态度，等等。概括起来，就是革命的理想、道德和纪律。其后，邓小平提出"面向现代化、面向世界、面向未来"这"三个面向"的重要论断，进一步明确了社会主义精神文明建设的战略方向。1986年召开的党的十二届六中全会通过了《中共中央关于社会主义精神文明建设指导方针的决议》。作为我们党关于社会主义精神文明建设的第一个专门决议，其明确了精神文明建设的指导思想、战略地位、主要任务和基本方针等，强调精神文明建设的基本指导方针应为"必须是推动社会主义现代化建设的精神文明建设，必须是促进全面改革和实行对外开放的精神文明建设，必须是坚持四项基本原则的精神文明建设"[①]，强调精神文明建设的根本任务是"适应社会主义现代化建设的需要，培养有理想有道德有文化有纪律的社会主义公民，提高整个中华民族的思想道德素质和科学文化素质"[②]。党的十三大把"文明"与"富强""民主"相并列，使其成为建设社会主义现代化国家的重要目标。

随着改革开放的全面推开，为建设社会主义精神文明，我国文化领域的改革发展战略逐步实现从计划经济体制的自发"破冰"向纵深的自觉推进。1979年，广州东方宾馆开设了国内首家音乐茶座，被视为"我国文化产业发展的起点"[③]。文化体制改革的初步展开，激发了人民群众文化生产创作的活力。这一时期在全国范围广泛开展的"五讲四美三热爱"活动，成为群众性精神文明创建的重要开端。

（二）"建设社会主义精神文明"战略构想的丰富发展

党的十三届四中全会以后，以江泽民同志为主要代表的中国共产党人，在国内外形势十分复杂、世界社会主义出现严重曲折的严峻考验面前捍卫了中国特色社会主义，继续推进社会主义精神文明建设，大力发展社会主义先进文化，成功把中国特色社会主义事业推向21世纪。

---

① 《十二大以来重要文献选编》（下），人民出版社1988年版，第1176页。

② 《十二大以来重要文献选编》（下），人民出版社1988年版，第1176页。

③ 祁述裕：《中国文化产业国际竞争力报告》，社会科学文献出版社2004年版，第3页。

20世纪90年代以后，为适应建设社会主义市场经济体制的要求、针对我国发展的实际，中国共产党领导人民围绕精神文明建设，着力在文化理论、思想观念、文化体制机制等多方面进行探索和革新。1996年，党的十四届六中全会通过的《中共中央关于加强社会主义精神文明建设若干重要问题的决议》，深刻阐述了社会主义精神文明建设的战略地位、指导思想、奋斗目标、性质与方向，丰富和发展了"建设社会主义精神文明"战略构想。该决议明确提出，改革文化体制是文化事业繁荣和发展的根本出路，为我国文化体制改革指明了方向。1997年，党的十五大鲜明提出并阐释建设有中国特色社会主义的文化纲领，强调"建设有中国特色社会主义的文化，就是以马克思主义为指导，以培育有理想、有道德、有文化、有纪律的公民为目标，发展面向现代化、面向世界、面向未来的，民族的科学的大众的社会主义文化"[1]，强调建设社会主义精神文明与有中国特色社会主义的文化在本质上具有一致性，提出"有中国特色社会主义的文化，就其主要内容来说，同改革开放以来我们一贯倡导的社会主义精神文明是一致的"[2]，深化了我们对"建设社会主义精神文明"发展战略的认识理解。党的十五大报告还首次把文化与综合国力联系起来，强调"有中国特色社会主义的文化，是凝聚和激励全国各族人民的重要力量，是综合国力的重要标志"[3]，凸显了文化建设的战略地位与作用。为适应社会主义市场经济向纵深发展的要求，推动文化管理体制改革，2000年，党的十五届五中全会正式提出"文化产业"这一命题，将其与"文化事业"并列，极大地丰富了社会文化发展战略的内容。以江泽民同志为主要代表的中国共产党人，鲜明提出建设社会主义先进文化，阐释先进文化的内涵要求，突出强调中国共产党代表中国先进文化的前进方向，强调"在当代中国，发展先进文化，就是发展有中国特色社会主义的文化，就是建设社会主义精神文明"[4]，为进入21世纪社会主义精神文明的发展指明了方向。

---

① 《十五大以来重要文献选编》（上），人民出版社2000年版，第19页。

② 《十五大以来重要文献选编》（上），人民出版社2000年版，第35页。

③ 《十五大以来重要文献选编》（上），人民出版社2000年版，第35页。

④ 《十五大以来重要文献选编》（下），人民出版社2003年版，第1906页。

党的十六大以后，以胡锦涛同志为主要代表的中国共产党人，继承以往党的文化发展战略思想，在全面建设小康社会进程中继续推进社会主义文化建设，统筹文化建设中事关全局的战略性问题，不断深化对社会主义文化发展的地位、方向、动力、思路、格局和目的的认识，进一步创新发展"建设社会主义精神文明"战略构想。

2002 年，党的十六大提出在全面建设小康社会的过程中兴起社会主义文化建设新高潮，强调加快制定文化体制改革的总体方案，提高国家文化发展的软实力，让中华文化走出国门、走向世界，并系统阐释了"深化文化体制改革"这一文化发展的战略途径，突出强调了"提高国家文化软实力"这一战略目标。2004 年召开的党的十六届四中全会提出"根据社会主义精神文明建设的特点和规律，适应社会主义市场经济的要求，进一步革除制约文化发展的体制性障碍"①，首次提出"解放和发展文化生产力"的命题，将文化生产纳入社会化大生产范畴，赋予了文化以新的丰富内涵，并突出强调"加强文化发展战略研究，抓紧制定文化发展纲要和文化体制改革总体方案"②。就文化发展纲要而言，2006 年，《国家"十一五"时期文化发展规划纲要》提出文化发展的目标为："完成'十一五'时期全面建设小康社会赋予文化建设的任务，文化为人民服务、为社会主义服务的能力显著增强，为经济发展、政治稳定和社会进步提供强有力的思想保证、精神动力和智力支持；文化的创新能力和整体实力明显提高，文化产品更加丰富，更好地保障和满足人民群众的基本文化需求，促进城乡和区域之间文化的共同发展；中华文化在世界上的影响力不断扩大，文化在综合国力竞争中的地位和作用日益突出，文化发展的水平与我国的经济实力、国际地位相适应。"③就文化体制改革而言，2005 年，中共中央、国务院发布《关于深化文化体制改革的若干意见》，在全国大部分省区市开展改革试点活动。2006 年，党的十六届六中全会明确提出建设和谐文化是构建社会主义和谐社会的重要任务，而社会主义核心价值体系是建设和

---

① 《十六大以来重要文献选编》（中），人民出版社 2006 年版，第 284 页。

② 《十六大以来重要文献选编》（中），人民出版社 2006 年版，第 284 页。

③ 《国家"十一五"时期文化发展规划纲要》，中国方正出版社 2006 年版，第 9 页。

谐文化的根本，突出强调了建设和谐文化、建设社会主义核心价值体系的发展战略重点。2007 年，党的十七大从建设社会主义核心价值体系、建设和谐文化、弘扬中华文化和推进文化创新四个方面，为推动社会主义文化发展战略作出全面部署。2011 年，党的十七届六中全会通过《中共中央关于深化文化体制改革推动社会主义文化大发展大繁荣若干重大问题的决定》，对深化文化体制改革进行了全面部署。2012 年 5 月发布的《国家"十二五"时期文化改革发展规划纲要》，进一步丰富了我国社会主义文化发展的指导思想、方针原则、主要目标、具体措施等，推动我国文化发展战略在不断探索改革中逐步丰富，在分步骤分阶段展开中不断创新。这一时期，是我国文化建设的创新发展期。我们党带领人民推动文化建设不断取得新成就，走出了一条中国特色社会主义文化发展道路。

三、"建设社会主义文化强国"战略构想

中国特色社会主义进入新时代，以习近平同志为核心的党中央从坚持和发展中国特色社会主义、实现中华民族伟大复兴的战略高度，突出文化建设的重要作用，鲜明提出"建设社会主义文化强国"这一战略目标，强调必须坚定文化自信，坚持马克思主义的指导，推动中华优秀传统文化创造性转化、创新性发展，继承革命文化，发展社会主义先进文化，不断铸就中华文化新辉煌。在这一时期，着眼建设社会主义文化强国，我国文化建设在正本清源、守正创新中取得历史性成就、发生历史性变革，为开创党和国家事业全新局面提供了强大正能量。

（一）"建设社会主义文化强国"战略构想的形成发展

党的十八大报告科学把握文化发展趋势和我国文化发展方位，深刻阐述文化建设的重要性和紧迫性，将文化建设纳入中国特色社会主义事业"五位一体"总体布局，鲜明提出"扎实推进社会主义文化强国建设"的战略目标。这一目标与我国深厚文化底蕴和丰富文化资源相匹配、与中国特色社会主义

事业总体布局相适应、与建设富强民主文明和谐美丽的社会主义现代化强国目标相承接，是我们党作出的重大战略决策，为我国文化建设发展指明了方向，初步形成了"建设社会主义文化强国"战略构想。这实际是对党的十七届六中全会精神的延续和拓展。党的十七届六中全会曾首次提出"努力建设社会主义文化强国"的战略目标，并作出具体阐释："建设社会主义文化强国，就是要着力推动社会主义先进文化更加深入人心，推动社会主义物质文明和精神文明全面发展，不断开创全民族文化创造活力持续迸发、社会文化生活更加丰富多彩、人民基本文化权益得到更好保障、人民思想道德素质和科学文化素质全面提高的新局面，建设中华民族共有精神家园，为人类文明进步作出更大贡献。"[1] 党的十八大以来，以习近平同志为核心的党中央，把文化建设提升到一个新的历史高度，强调没有社会主义文化繁荣发展，就没有社会主义现代化，围绕建设社会主义文化强国这一战略目标，作出一系列重要论述，采取一系列战略举措，丰富和发展了我们党关于文化建设的理论，开辟了社会主义文化强国建设实践的新境界。

党的十九大报告强调，"要坚持中国特色社会主义文化发展道路，激发全民族文化创新创造活力，建设社会主义文化强国"[2]，并且提出全面建设社会主义现代化国家"两步走"的战略安排，即从 2020 年到本世纪中叶的 30 年，全面建设社会主义现代化国家分两个阶段来安排，每个阶段 15 年：第一个阶段，从 2020 年到 2035 年，在全面建成小康社会的基础上，再奋斗 15 年，基本实现社会主义现代化。这意味着，我们党原来提出的"三步走"战略的第三步即基本实现现代化，将提前 15 年实现。而到 2035 年基本实现社会主义现代化，其文化领域建设的目标是"社会文明程度达到新的高度，国家文化软实力显著增强，中华文化影响更加广泛深入"[3]。具体而言，可体现为中国梦和社会主义核心价值观深入人心，爱国主义、集体主义、社会主义思想广泛

---

① 《中共中央关于深化文化体制改革 推动社会主义文化大发展大繁荣若干重大问题的决定》，人民出版社 2011 年版，第 8 页。

② 《习近平著作选读》第一卷，人民出版社 2023 年版，第 33—34 页。

③ 《习近平著作选读》第一卷，人民出版社 2023 年版，第 23 页。

弘扬，全体人民的文化自信、文化自觉和文化凝聚力不断增强。重视社会公德、职业道德、家庭美德、个人品德的社会风尚基本养成，人民思想道德素质、科学文化素质、健康素质明显提高。公共文化服务体系、现代文化产业体系和市场体系基本建成。中外文化交流更加广泛，中华文化走出去达到新水平。[①]党的十九届五中全会将"社会文明程度得到新提高，社会主义核心价值观深入人心，人民思想道德素质、科学文化素质和身心健康素质明显提高，公共文化服务体系和文化产业体系更加健全，人民精神文化生活日益丰富，中华文化影响力进一步提升，中华民族凝聚力进一步增强"[②]作为"十四五"时期文化发展的重要目标，进一步丰富了建设社会主义文化强国的内涵要求。党的十九届六中全会审议通过了《中共中央关于党的百年奋斗重大成就和历史经验的决议》，该决议指出，要"建设社会主义文化强国，激发全民族文化创新创造活力，更好构筑中国精神、中国价值、中国力量，巩固全党全国各族人民团结奋斗的共同思想基础"[③]，重申了社会主义文化强国的战略目标和战略要求。

（二）"建设社会主义文化强国"战略构想的原则要求

确立和坚持马克思主义在意识形态领域指导地位的根本制度。党的十九届四中全会审议通过的《中共中央关于坚持和完善中国特色社会主义制度 推进国家治理体系和治理能力现代化若干重大问题的决定》，强调坚持马克思主义在意识形态领域指导地位的根本制度，并作出一系列重大部署。这是我们党第一次把马克思主义在意识形态领域的指导地位作为一项根本制度明确提出来，是关系党和国家事业长远发展、关系我国文化前进方向和发展道路的重大制度创新，集中体现了我们党在领导文化建设长期实践中积累的成功经验和形成的方针原则，充分反映了以习近平同志为核心的党中央对社会主义文化建设规律的认识进入了一个新的境界。着眼推动马克思主义中国化时代

---

① 《党的十九大报告辅导读本》，人民出版社 2017 年版，第 27 页。
② 《中共十九届五中全会在京举行》，《人民日报》2020 年 10 月 30 日，第 1 版。
③ 《中共中央关于党的百年奋斗重大成就和历史经验的决议》，人民出版社 2021 年版，第 44 页。

化，在庆祝中国共产党成立 100 周年大会上的讲话中，习近平总书记鲜明提出并阐释了"两个结合"的重大论断，即坚持把马克思主义基本原理同中国具体实际相结合、同中华优秀传统文化相结合。"两个结合"先后写入《中共中央关于党的百年奋斗重大成就和历史经验的决议》和党的二十大报告。这要求我们始终坚定信仰、保持定力，用马克思主义中国化时代化的最新成果武装头脑、指导实践、推动工作，更加自觉地用以统领社会主义文化建设，具体落实到把握方向导向、创新思维思路、改革体制机制等各方面，立足当代中国现实，结合当今时代条件，建设具有强大凝聚力和引领力的社会主义意识形态，更好发展面向现代化、面向世界、面向未来的，民族的科学的大众的社会主义文化。

坚定文化自信。习近平总书记首次把文化自信和道路自信、理论自信、制度自信并列为中国特色社会主义"四个自信"，强调指出，"坚定中国特色社会主义道路自信、理论自信、制度自信，说到底是要坚定文化自信。文化自信是更基本、更深沉、更持久的力量"①。建设社会主义文化强国，文化自信是思想基础和先决条件，也是根本标志和最终目的。这就要求我们保持对中华文化理想和价值、生命力和创造力的高度信心，扎根中国特色社会主义伟大实践进行文化创造、推动文化进步，努力做到以坚定的文化自信建设文化强国，在建设文化强国中不断增强文化自信。

坚持以社会主义核心价值观引领文化建设。价值观是文化最深层的内核，决定着文化的性质和方向。党的十八大首次提出"富强、民主、文明、和谐，自由、平等、公正、法治，爱国、敬业、诚信、友善"的社会主义核心价值观。2013 年，《关于培育和践行社会主义核心价值观的意见》印发，要求把培育和践行社会主义核心价值观融入国民教育全过程、落实到经济发展实践和社会治理中，加强社会主义核心价值观宣传教育，开展涵养社会主义核心价值观的实践活动。此后，我们党把坚持社会主义核心价值体系纳入新时代坚持和发展中国特色社会主义基本方略，将社会主义核心价值观的培育和践行体现

---

① 《习近平著作选读》第一卷，人民出版社 2023 年版，第 479 页。

到精神文明创建、精神文化产品创作生产传播全过程，贯穿到国家治理体系和治理能力现代化建设各领域，使之融入经济社会发展和人们生产生活方方面面，更好构筑中国精神、中国价值、中国力量。

坚持推动中华优秀传统文化创造性转化、创新性发展。中华优秀传统文化是中华民族的突出优势，是我们在世界文化激荡中站稳脚跟的根基。党的十八大以来，以习近平同志为核心的党中央，强调中华优秀传统文化是最深厚的文化软实力，是中国特色社会主义植根的文化沃土，强调继承和弘扬中华优秀传统文化，"中国共产党人始终是中国优秀传统文化的忠实继承者和弘扬者，从孔夫子到孙中山，我们都注意汲取其中积极的养分"[1]，表明了中国共产党人对中华优秀传统文化的科学态度，强调要处理好继承和创新性发展的关系，重点做好创造性转化和创新性发展，指明了中华优秀传统文化在新时代传承发展的具体方略。这就要求我们既要客观科学礼敬地对待中华优秀传统文化，结合新的时代条件和实践要求对其内涵和表现形式加以补充、拓展和完善，赋予其新的时代内涵和现代表现形式，又要坚持开放包容，广泛参与世界文明对话，借鉴吸收人类优秀文明成果，提升国家文化软实力和中华文化影响力。

（三）"建设社会主义文化强国"战略构想的实践展开

党的十八大以来，以习近平同志为核心的党中央将文化建设提升到一个新的历史高度，着力推动社会主义文化强国建设。《国家"十三五"时期文化发展改革规划纲要》《"十四五"文化发展规划》等事关文化发展的战略性文件先后出台，提出文化发展的指导思想、工作原则、目标任务等总体要求，以及强化理论武装、提高舆论引导水平、繁荣文化文艺创作生产等实践路径，为建设社会主义文化强国提供了指导，同时在实践上以更大力度、更实措施加快建设社会主义文化强国，推动文化建设呈现出更加繁荣、蓬勃发展的生动景象。

---

[1] 《习近平著作选读》第一卷，人民出版社 2023 年版，第 282—283 页。

我们党着力健全意识形态工作制度，旗帜鲜明反对和抵制各种错误观点，召开全国宣传思想工作会议、文艺工作座谈会、党的新闻舆论工作座谈会、网络安全和信息化工作座谈会、哲学社会科学工作座谈会、全国高校思想政治工作会议、文化传承发展座谈会等一系列重要会议，推进中国特色社会主义哲学社会科学学科体系、学术体系、话语体系建设。同时，我们党高度重视传播手段建设和创新，推动媒体融合发展，提高新闻舆论传播力、引导力、影响力、公信力；高度重视互联网这个意识形态斗争的主阵地、主战场、最前沿，健全互联网领导和管理体制，坚持依法管网治网，召开中国网络文明大会、中国互联网大会，开展"净网""清朗"治理行动，网络健康文化加速培育。

我们党注重用社会主义先进文化、革命文化、中华优秀传统文化培根铸魂，广泛开展中国特色社会主义和中国梦宣传教育，推动理想信念教育常态化制度化，完善思想政治工作体系。《新时代公民道德建设实施纲要》《新时代爱国主义教育实施纲要》《关于新时代加强和改进思想政治工作的意见》等一系列文件相继印发，设立烈士纪念日，颁授"七一勋章""共和国勋章"，建立健全党和国家功勋荣誉表彰制度，深化群众性精神文明创建。2018年7月，《关于建设新时代文明实践中心试点工作的指导意见》审议通过，新时代文明实践中心成为人们学习理论政策、丰富文化生活、倡导移风易俗的重要平台。着力推动学习党史、新中国史、改革开放史、社会主义发展史，推动学习大国建设。

我们党不断深化文化体制改革，推进文化事业和文化产业全面发展，繁荣文艺创作，完善公共文化服务体系，为人民提供了更多更好的精神食粮。党的十八届三中全会通过的《中共中央关于全面深化改革若干重大问题的决定》，专门就全面深化文化体制改革进行了部署，推动我国文化体制改革持续深化。一方面，覆盖城乡的公共文化服务体系建设取得重要进展，以大型文化设施为骨干的公共文化服务网络日益完善，公共图书馆、文化馆（站）、博物馆、美术馆等文化设施建设扎实推进；另一方面，我国文化产业蓬勃发展，构建全国统一开放、竞争有序的现代文化市场体系逐步推进，《中华人民共和国电影产业促进法》等一系列政策法规的出台和实施，电影《我和我的祖国》

《流浪地球》等取得了口碑和票房的双丰收，《觉醒年代》《人世间》等作品兼具历史厚重感和现实关怀、展现波澜壮阔的社会变迁。

我们党实施中华优秀传统文化传承发展工程，推动中华优秀传统文化创造性转化、创新性发展，增强全社会文物保护意识，加大文化遗产保护力度。"中华文明探源"工程、国家文化公园打造以及北京中轴线、京杭大运河等一大批文化遗产和革命文物保护利用工程深入实施。加快国际传播能力建设，中华文化"走出去"步伐不断加快，北京冬奥会、成都大运会、杭州亚运会惊艳世界，中非合作论坛、亚洲文明对话大会、中国共产党与世界政党高层对话会、北京文化论坛等一系列主场外交活动向世界讲述中国故事、介绍中国经验，一批自主品牌文化企业和文化产品走向世界，传播中国声音，促进人类文明交流互鉴，国家文化软实力、中华文化影响力明显提升。

四、"建成社会主义文化强国"战略构想

党的二十大报告指出，党和国家事业取得历史性成就、发生历史性变革，推动我国迈上全面建设社会主义现代化国家新征程。新时代新征程，中国共产党的中心任务就是"团结带领全国各族人民全面建成社会主义现代化强国、实现第二个百年奋斗目标，以中国式现代化全面推进中华民族伟大复兴"[1]。习近平总书记在党的二十大报告中强调："中国式现代化是物质文明和精神文明相协调的现代化。"[2]物质富足、精神富有是社会主义现代化的根本要求。中国特色社会主义是全面发展、全面进步的伟大事业，没有社会主义文化繁荣发展，就没有社会主义现代化。

党的二十大报告对我国文化发展的战略环境进行科学评析，强调新时代十年我国文化建设取得辉煌成就，"我们确立和坚持马克思主义在意识形态领域指导地位的根本制度，新时代党的创新理论深入人心，社会主义核心价值

---

① 《习近平著作选读》第一卷，人民出版社 2023 年版，第 18 页。

② 《习近平著作选读》第一卷，人民出版社 2023 年版，第 19 页。

观广泛传播，中华优秀传统文化得到创造性转化、创新性发展，文化事业日益繁荣，网络生态持续向好，意识形态领域形势发生全局性、根本性转变……全党全国各族人民文化自信明显增强、精神面貌更加奋发昂扬"[1]，同时也要看到国际形势的深刻变化使得文化领域面对空前复杂的情况，"意识形态领域存在不少挑战"[2]。在对文化发展战略环境分析的基础上，党的二十大报告在阐释2035年基本实现社会主义现代化的总体目标时，明确把"建成社会主义文化强国"作为目标之一，鲜明提出"建成教育强国、科技强国、人才强国、文化强国、体育强国、健康中国，国家文化软实力显著增强"[3]。这在文化发展的战略安排上，承继了党的十九届五中全会提出的到2035年"建成文化强国"的远景目标，再次明确了建成社会主义文化强国的具体时间表。正是在以往"建设社会主义文化强国"战略构想的基础上，以习近平同志为核心的党中央面向新时代新征程，提出"建成社会主义文化强国"的战略目标和"建设中华民族现代文明"新的文化使命。

（一）"建成社会主义文化强国"战略构想的内涵要求

"建成社会主义文化强国"的内涵非常丰富，既具有世界文化强国的一般特征，又具有自身特殊的鲜明内涵与属性，既强调民族的、科学的、大众的性质，又强调面向现代化、面向世界、面向未来。就我国而言，理解把握这一战略目标，需与西方发达国家的文化强国目标相区别，突出其社会主义性质；与以往的文化发展理念、模式相区别，突出中国文化"由大向强"的鲜明指向；与诸如体育强国、健康中国等其他领域相区别，突出"化人"功能，把培育时代新人作为文化发展的落脚点和重要评价标准。

一是坚持社会主义基本价值取向的文化强国。我们要建成的文化强国，区别于其他国家的文化发展，是始终坚定社会主义先进文化前进方向、始终坚持马克思主义指导地位的文化强国。"先立乎其大者，则其小不能夺也。"

---

[1] 《习近平著作选读》第一卷，人民出版社2023年版，第8—9页。
[2] 《习近平著作选读》第一卷，人民出版社2023年版，第12页。
[3] 《习近平著作选读》第一卷，人民出版社2023年版，第20页。

坚持以马克思主义为指导，是当代中国文化与其他文化相区别的重要标志，关系着文化发展的前进方向。在建设文化强国的进程中，马克思主义中国化将持续深化，中国特色社会主义理论体系更加丰富，马克思主义在哲学社会科学中的指导作用发挥更为充分，社会主义意识形态的引领力、凝聚力、吸引力将更为强大。党的十九届四中全会把坚持马克思主义在意识形态领域指导地位，作为我国文化建设的根本制度，确立为中国特色社会主义制度体系的重要组成部分。进入新时代，坚持这一根本制度，首位的就是全面贯彻落实习近平新时代中国特色社会主义思想。随着文化强国的建设，全党全社会在用马克思主义中国化时代化最新成果武装上更加扎实有效，广大党员对党的理论创新成果理解把握更加全面深刻，理想信念更为牢固，主动同历史虚无主义等错误社会思潮作斗争，以爱国主义为核心的民族精神和以改革创新为核心的时代精神得到大力弘扬，全社会最大限度凝聚起发展共识，团结一致为现代化建设添砖加瓦。

社会主义文化强国必然高扬主流价值，社会主义核心价值观的引领作用更加凸显，社会主义核心价值体系深入人心、外化为行。国家之魂，文以化之，文以铸之。价值观处于文化的最核心，是一个民族的精神纽带。有什么样的核心价值观，就有什么样的文化立场、文化取向和文化选择。① 核心价值观是否有强大吸引力，直接影响着民族和国家的生存发展。社会主义核心价值观蕴含着社会主义现代化的价值目标，成为当代中国精神的集中体现，成为新时代中华民族的价值追求，也成为中国特色社会主义的价值规范，必将激发出全民族团结奋进的强大力量。随着社会主义物质文明和精神文明的全面发展，社会主义核心价值观在文化建设中的引领作用将更加凸显，凝聚社会共识的效能发挥更加凸显，在内化于心、外化于行上形式更加多样、效果更加巩固，使人们自觉抵制西方资本主义价值观的影响，始终坚定对价值观的自信，维护我国文化安全。

二是铸就中华文化新辉煌的文化强国。从"文化大国"到"文化强国"，

---

① 全国干部培训教材编审指导委员会：《社会主义文化强国建设》，人民出版社 2015 年版，第 31 页。

虽仅一字之差，但内涵、意蕴发生重大变化。文化强国，这一概念本身的含义具有多元性，可以从不同视角进行解读。社会主义文化强国以马克思主义、中华优秀传统文化和人类优秀文明成果为"三重内蕴"，以强大的民族创造力、凝聚力和吸引力、影响力为"两着力点"，以社会主义核心价值体系为"单一内核"的整体文化形象[1]，其构成要素可凝练为意识形态领导力、文化资源整合力、文化创新创造力、文化民生保障力、社会文明约束力、国家文化软实力等力量。[2] 文化强国之"强"的衡量标准是多维的。

对内，整个社会具有高度的文化自信和开放包容的文化心态。一方面，文化发展与深厚的文化底蕴、丰富的文化资源更为匹配。在传承赓续文化血脉的基础上，大量的民族文化遗产和优秀资源得以挖掘运用，中华优秀传统文化中的核心价值得到发扬光大，中华优秀传统文化的创造性转化、创新性发展取得更为丰硕的成果，源远流长、博大精深的中华文化向世界展现出新的时代魅力，全世界中华儿女的文化向心力、凝聚力进一步加强。另一方面，在多元文化的交流交融中民族文化心态更加平和包容。面对社会上的多元文化、外来文化，我们既能站在中华文化立场上冷静审视其他文化的优长、大胆吸收借鉴，又能从世界看中国，肯定当代中国文化为人类文明进步和文化多样性所作的贡献，突出"各美其美，美人之美，美美与共，天下大同"，因而对自己文化的价值更为自信。在文化生产上，全民族的文化创造活力持续迸发，出现一大批反映时代、引领时代的文化精品和文化名家。就文化自身而言，公共文化服务体系和文化产业体系更为完备，高品质文化供给、高效能文化服务更加丰富，中国特色社会主义文化的创作、生产、传播、评价机制更为优化，文化创新创造的活力充分释放，为丰富人民群众的精神文化生活提供更多优质文化产品。从中国特色社会主义"五位一体"总体布局来看，文化建设与经济、政治、社会、生态文明等领域建设更为协调，文化作为经济社会发展的精神动力和支撑作用发挥得更为明显。

---

[1]　刘文艺：《中国特色社会主义文化强国之内涵探析》，《兰州学刊》2013 年第 6 期。

[2]　胡守勇：《建成社会主义文化强国的评价标准、构成要素与指标体系》，《福建论坛（人文社会科学版）》2021 年第 5 期。

对外，中华文化的影响力、价值引领力进一步提升。党的十九届五中全会明确提出，到 2035 年基本实现社会主义现代化，到 2050 年建成富强民主文明和谐美丽的社会主义现代化国家。与此相适应，文化强国的构建，必将使我国文化的世界影响力进一步提升，我国文化的话语权进一步彰显，其与我国的国际地位、全球经济影响力更为匹配，在与其他国家文化交流交融中掌握更大的主动权，成为世界文化格局重构中的重要力量。有学者在分析文化的中外关系时提出："如果一个国家在文化上输出大于输入，大致可以说这个国家是文化强国。"① 经过长期努力，中国倡导的人类共同价值、人类命运共同体等获得更广泛的传播与认同，我国文明大国、东方大国、负责任大国、社会主义大国的形象在国际社会牢固树立，中华文化在国际获得更强的影响力和吸引力。

培育担当民族复兴大任的时代新人。强国需要人才支撑，特别是需要大批能够担当民族复兴大任的时代新人。而文化发展特别是社会主义核心价值观的建设，始终着眼于解决"培养什么样的人"这一根本问题，聚焦培育具有正确世界观人生观价值观的社会主义建设者和接班人。"文化强国之'强'与这一国家民众的文化素质直接成正比关系。"② 文化的发展繁荣既能满足人民的文化需求，又能不断增强人民精神力量。社会主义文化强国必然促使人才辈出，国民文化素养普遍提升。

人民思想觉悟、道德水准、文明素养全面提升促进社会文明程度达到一个全新的高度。社会文明程度是社会发展进步的重要体现，也是现代化国家的重要标志。而社会文明程度与人的整体素养紧密相联，需要在文化的长期滋养孕育中点滴积累、不断进步。社会主义文化强国的建设，必然伴随着社会文明程度的提高，人民群众思想觉悟进一步提高，理想信念更加坚定，普遍树立正确的历史观、民族观、国家观、文化观；人民道德修养进一步提高，社会公德、职业道德、家庭美德、个人品德得到全面提升，爱国主义、集体主义精神得到广泛弘扬；人民的文明素养进一步提高，人们的文化知识、科技

---

① 周和平主编：《文化强国战略》，学习出版社、海南出版社 2013 年版，第 14 页。
② 沈壮海：《论文化自信》，湖北人民出版社 2019 年版，第 215 页。

素养、礼仪举止、法律观念等得到新发展，整个社会风尚风气良好，明是非、知荣辱、讲奉献、促和谐的文明之风盛行。

人民精神文化生活走向共同富裕，人民的精神力量不断增强。我们党始终坚持文化发展为了人民、文化发展依靠人民、文化发展成果由人民共享。特别是随着时代发展，面对人民对文化需求从"有没有"到"好不好"的转变，我们着力推动文化高质量发展，更好满足人民群众多样化、多层次、多方面的文化需求。我们建设的社会主义文化强国，将使人民基本文化权益得到更好保障，提供更多人民群众喜闻乐见的文化产品和公共服务，大幅提升人民群众文化生活的质量水平。同时，在文化发展中努力缩小区域差距、城乡差距，提升共同文化服务水平，推动实现精神文化层面的共同繁荣。社会主义文化强国必然也将不断增强人民的精神力量。特别是面对新征程中的风险挑战，在党领导人民进行的具有许多新的历史特点的伟大斗争中，社会主义先进文化为我们战胜一切困难提供了强大思想引领和精神支撑，进一步增强了中国人民的精神力量。

人的自由全面发展得到新提升，担当民族复兴大任的时代新人大批涌现。马克思主义的最高价值取向是实现人的自由全面发展，社会主义文化的繁荣发展必须以推动人的自由发展为价值指向。伴随着社会主义文化强国的建设，人们在生活上更加富足、精神上更加富有、体魄上更加强健，人的自然素质、社会素质、精神素质得到全面提升，人的个性得到更充分发展、能力得到更好发挥、社会关系更加丰富，人的自然素质、社会素质和精神素质得到新提高。与此同时，更加注重发挥榜样典型的示范作用，着力培养全面发展的社会主义建设者和接班人，将涌现大批担当民族复兴大任的时代新人。不仅如此，随着中华文化在世界的传播，会有更多外国友人到中国交流学习，进而促进全球人才的沟通与交流，我国世界重要人才中心和创新高地的建设将更具成效。

（二）"建设中华民族现代文明"战略构想新的文化使命

在2023年6月文化传承发展座谈会上，习近平总书记鲜明提出："在新的起点上继续推动文化繁荣、建设文化强国、建设中华民族现代文明，是我们在新时代新的文化使命。"[1]2022 年 10 月，习近平总书记在安阳市考察殷墟遗址时就指出，殷墟我向往已久，这次来是想更深地学习理解中华文明，古为今用，为更好建设中华民族现代文明提供借鉴[2]，首次提出了"建设中华民族现代文明"。其后，习近平总书记又多次论及中华民族现代文明。2023 年 6 月 7 日，习近平总书记在致首届文化强国建设高峰论坛的贺信中，强调要担负起新的文化使命，建设中华民族现代文明。[3]2023 年 7 月 7 日，习近平总书记在江苏考察时指出，建设中华民族现代文明，是推进中国式现代化的必然要求，是社会主义精神文明建设的重要内容。[4]2023 年 9 月 21 日，习近平总书记在浙江考察时，强调浙江要在建设中华民族现代文明上积极探索。[5]2023 年 10 月 7 日，习近平总书记对宣传思想文化工作作出重要指示，强调要围绕在新的历史起点上继续推动文化繁荣、建设文化强国、建设中华民族现代文明这一新的文化使命开展新时代宣传思想文化工作。[6]2023 年 10 月 27 日，习近平总书记在中共中央政治局第九次集体学习时强调，要着眼建设中华民族现代文明，不断构筑中华民族共有精神家园。[7]2023 年 11 月 30 日，习近平总书记在深入推进长三角一体化发展座谈会上强调，在建设中华民族现代文明上积极探索，推动长三角一体化发展取得新的重大突破。[8]"建设中华民族现

---

① 习近平：《在文化传承发展座谈会上的讲话》，人民出版社 2023 年版，第 10 页。

② 《全面推进乡村振兴 为实现农业农村现代化而不懈奋斗》，《人民日报》2022 年 10 月 29 日，第 1 版。

③ 《更好担负起新的文化使命 为强国建设民族复兴注入强大精神力量》，《人民日报》2023 年 6 月 8 日，第 1 版。

④ 《在推进中国式现代化中走在前做示范 谱写"强富美高"新江苏现代化建设新篇章》，《人民日报》2023 年 7 月 8 日，第 1 版。

⑤ 《始终干在实处走在前列勇立潮头 奋力谱写中国式现代化浙江新篇章》，《人民日报》2023 年 9 月 26 日，第 1 版。

⑥ 《坚定文化自信秉持开放包容坚持守正创新 为全面建设社会主义现代化国家 全面推进中华民族伟大复兴提供坚强思想保证强大精神力量有利文化条件》，《人民日报》2023 年 10 月 9 日，第 1 版。

⑦ 《铸牢中华民族共同体意识 推进新时代党的民族工作高质量发展》，《人民日报》2023 年 10 月 29 日，第 1 版。

⑧ 《推动长三角一体化发展取得新的重大突破 在中国式现代化中更好发挥引领示范作用》，《人民日报》2023 年 12 月 1 日，第 1 版。

代文明"是习近平总书记在全面建设社会主义现代化国家开局起步关键时期提出的，是新时代新征程我们所肩负的新的文化使命的重要内容，为创造中华文化新辉煌明确了前进方向。

"建设中华民族现代文明"的内涵十分丰富，理解其本质需把握"中华文明""社会主义文明""现代文明"等关键词，可以从文明的主体性、文明的现代性和人类文明新形态三个方面进行分析。

一是中华民族现代文明是以中华优秀传统文化为根脉、具有鲜明民族主体性的文明。文明主体性，是理解把握文明内涵的重要问题。中华民族现代文明是凸显中华民族主体性的现代文明，不是西方或其他民族的现代文明；是以中华优秀传统文化为根脉，在传承中发展创新的现代文明，不是抛弃文化传统的现代文明；是 5000 年中华文明内生性生长的结果，不是文明断裂的产物。在世界现代文明的构建中，一些后发国家民族以西方文明为现代化模板，使其面临所谓"传统与现代"的矛盾问题，似乎只有丢掉传统文化，才能丢掉包袱，似乎只有全面与西方对接、完全西化，才能实现现代化。这种所谓"传统与现代"矛盾的背后，反映的实质是本民族文明与西方文明的关系问题。在探索现代文明构建的过程中，近代以来的中国人也曾视西方文明为圭臬、对中国自身的文化传统不够自信，但中国共产党一经诞生，中国人的精神状态实现了革命性变化。特别是进入新时代，习近平总书记十分注重对中华优秀传统文化的传承，反复强调中华优秀传统文化是我们的根，并在文化传承发展座谈会上提出中华文明具有突出的连续性、创新性、统一性、包容性、和平性。这五个突出特性彰显了中华文明数千年来一脉相承的内在基因，充分体现出其区别于其他文明的精神特质。

中国共产党是中华优秀传统文化的传承者，不是简单复制者。尊古但不泥古，守正但不守旧。以中华优秀传统文化为根基，不是回到传统文化，而是坚持创造性转化、创新性发展。所谓传统文化，既有糟粕也有精华。对于糟粕，必须加以批判和剔除，对于其中优秀的文化必须传承弘扬，两者并不冲突矛盾，是辩证统一的。当然，中华优秀传统文化并不能解决人类生存发展进程中所面临的一切问题，因而我们要适应现代化发展的要求，努力推动中华优秀传统文化与现代化的有机结合，完成创造性转化和创新性发展。

二是中华民族现代文明是以马克思主义为魂脉、中国共产党领导人民创造的社会主义文明。中华民族现代文明，区别于西方资本主义文明，是以马克思主义为指导、与中国特色社会主义建设相匹配的社会主义文明，其呈现出超越资本主义文明的特征和优势。回顾党的 100 多年奋斗历程，我们党在现代文明建设的探索中始终坚持马克思主义的指导。新民主主义革命时期，毛泽东在《新民主主义论》中鲜明提出建设新民主主义文化。新中国成立后，党领导人民进行社会主义现代化建设，取得了一系列理论成果和实践成就。1959 年，毛泽东提出"四个现代化"目标，其中之一就是"科学文化现代化"。改革开放后，我们党把工作重点转到社会主义现代化建设上来，实现了人民生活从温饱不足到小康的历史性跨越。在此期间，邓小平多次强调社会主义精神文明建设，强调"两手抓、两手都要硬"。进入新时代，我们党始终强调文化自信自强，高度重视文化在经济社会发展、实现民族复兴中的重要作用。特别是在文化传承发展座谈会上，习近平总书记系统阐释了马克思主义基本原理同中华优秀传统文化相结合的"第二个结合"。[1]"第二个结合"，使马克思主义这一先进思想理论激活中华文明基因，推动中华文明从传统到现代的跨越，"是中华文明实现创造性转化、创新性发展的重要方式，是中华传统文明向中华民族现代文明转型发展的重要方式"[2]。另外，"第二个结合"使得诞生于 19 世纪的马克思主义获得源远流长的中华优秀传统文化的充实，推动马克思主义中国化时代化，让马克思主义在 21 世纪依然保持着旺盛的文化生命。以"实事求是"为例，作为中国共产党人思想路线的核心词语，其并非出自马克思、恩格斯的经典词句，而是最早见于东汉班固的《汉书》。"实事求是"校训高悬于千年学府的岳麓书院，以引导学生从事实出发、崇尚科学、追求真理。青年时期的毛泽东曾寄住于岳麓书院的半学斋，深受其校训的影响，并进行了创造性转化，实现了古语新用。"实事求是"四个字的运用，体

---

① 习近平：《在文化传承发展座谈会上的讲话》，《求是》2023 年第 17 期。

② 彭丰文：《在历史视野中推动中华文明传承与发展》，《中国社会科学报》2023 年 6 月 14 日，第 4 版。

现的正是马克思主义真理的中国化。正如习近平总书记强调的："'结合'不是'拼盘'，不是简单的'物理反应'，而是深刻的'化学反应'，造就了一个有机统一的新的文化生命体。"①中国共产党领导人民在革命、建设、改革中始终注重"两个结合"，经历了从自发到自觉的演进历程。在这一过程中，我们党创造形成革命文化和社会主义先进文化，特别是形成以伟大建党精神为源头的中国共产党人精神谱系，成为中华民族现代文明的重要构成因素。今天，马克思主义与中华优秀传统文化的结合，使我们的中华民族现代文明逐渐成为努力实现"全体人民共同富裕""高度物质文明与精神文明相统一""人与自然和谐共生"的现代文明，是每一个人自由全面发展的文明。所以，建设中华民族现代文明，必须坚持马克思主义这一魂脉，以彰显马克思主义的生命力、影响力。特别是在冷战结束后、在世界社会主义运动陷入低谷的形势下，中国特色社会主义始终展现出自身的蓬勃生机和旺盛活力，不仅使"历史终结论""马克思主义过时论"不攻自破，更使世界范围内社会主义和资本主义两种社会制度的较量，首次发生有利于前者的重大转变，让科学社会主义理论在诞生近 200 年后依然不断彰显其实践价值。

三是中华民族现代文明是植根于中国式现代化实践，兼蓄世界文明优秀成果的人类文明新形态。中华民族现代文明，并非凭空产生，其"包含并积淀着中国式现代化过程及其结果的全部历史规律，包含并积淀着中国特色社会主义实践及其理论的全部成果和文化创造"②，是我们在推进中国式现代化历史进程中创造的人类文明新形态。党的二十大报告突出强调："中国式现代化是物质文明和精神文明相协调的现代化。物质富足、精神富有是社会主义现代化的根本要求。物质贫困不是社会主义，精神贫乏也不是社会主义。"③建设中华民族现代文明，既植根于中国式现代化实践，也是中国式现代化的内在要求。正是当代中国在政治、经济、社会、生态文明等各方面的发展，为现

---

① 习近平：《在文化传承发展座谈会上的讲话》，《求是》2023 年第 17 期。

② 何中华：《中华民族伟大复兴的文明意蕴》，《光明日报》2023 年 7 月 7 日，第 11 版。

③ 习近平：《高举中国特色社会主义伟大旗帜 为全面建设社会主义现代化国家而团结奋斗——在中国共产党第二十次全国代表大会上的报告》，人民出版社 2022 年版，第 22 页。

代文明的建设赋予现代化的根基。

中华民族现代文明，深深扎根于中国特色社会主义现代化建设的实践，同时吸收借鉴人类优秀文明的成果。改革开放 40 多年来，我国通过"走出去""引进来"，大胆吸收借鉴科学技术、企业管理、资金设备等西方现代文明成果，主动参与国际分工，以改革促开放，以开放推动改革，实现了国家经济的快速发展。今天，我们立足自身实践，逐步实现从适应时代、赶上时代到引领时代、走在时代前列的历史性转变，走出了一条人类文明新形态之路。中华民族现代文明将不仅超越西方的资本主义文明，也必然超越以往的社会主义文明，从而为人类文明发展提供全新的样式。面对当前人类社会发展和全球治理的共同难题，比如，霸权主义、强权政治、全球经济增长乏力、经济贸易摩擦不断、全球公共卫生事件、恐怖主义活动等难题，我们党和政府鲜明提出"全球发展倡议""全球文明倡议""全球安全倡议"等主张，强调不同文明间的平等对话、交流互鉴。这些新理念新倡议，为世界上既希望快速发展又希望保持独立性的广大发展中国家提供了全新的选择，为解决人类面对的共同问题贡献了中国智慧和中国方案。同时，当代中国正致力于推动国家间的平等交往合作，以文明间的平等交流互鉴超越思想隔阂、深化经济协同、促进文化交流，推动世界文明的多样性发展，实现"各美其美，美人之美，美美与共，天下大同"。因此，中华民族现代文明"是一种超越资本主义文明本身的中国特色社会主义文明新形态，它代表世界和整体人类进步的方向，具有深远的世界历史意义"①。

当然，"现代"这一概念起源于近代工业革命，其在一定程度上体现着社会文明的进步程度。但"现代"的标准不是静止不动的，更不是历史的终点。同样，随着中国式现代化实践的不断拓展，"建设中华民族现代文明"这一战略的内涵要求将更加丰富，其空间将继续拓展，理论也将不断延伸。

---

① 刘日明:《马克思主义中国化时代化新的飞跃》,《中国社会科学报》2023 年 6 月 13 日, 第 1 版。

第 三 章

中国特色社会主义
文化发展的战略路径

战略由多种要素构成，"但就战略的本质特性和功能而言，战略目标、战略方针、战略手段这三个要素是不可缺少的，应当成为构成战略的基本成分"①。与此相对应，要实现新时代中国特色社会主义文化的战略目标，必须坚持以科学的理论为指导，全面贯彻新发展理念，坚定走中国特色社会主义文化发展道路，正确处理好文化发展中的若干重大关系。

2023 年 10 月在北京召开的全国宣传思想文化工作会议，正式提出并系统阐释了习近平文化思想。这一重要思想是在新时代中国特色社会主义文化建设伟大实践中形成并不断丰富发展的，是新时代党领导文化建设实践经验的理论总结。习近平文化思想，内涵丰富，博大精深，明体达用，体用贯通，不仅有深邃的观点、战略的谋划、科学的部署，还蕴含着正确的立场、管用的方法，深刻回答了新时代我国文化建设举什么旗、走什么路、坚持什么原则、实现什么目标等根本问题，明确了新时代文化建设的路线图和任务书，标志着我们党对中国特色社会主义文化建设规律的认识达到了新高度，为做好新时代新征程宣传思想文化工作、担负起新的文化使命提供了科学行动指南。

一、全面贯彻新发展理念

新时代新征程，我们需更加凸显以新发展理念为指导，推动文化的繁荣发展。党的十八届五中全会提出了创新、协调、绿色、开放、共享的新发展理念。党的十九大报告指出，"发展是解决我国一切问题的基础和关键，发展必须是科学发展，必须坚定不移贯彻创新、协调、绿色、开放、共享的新发

---

① 肖天亮主编：《战略学》，国防大学出版社 2020 年版，第 16 页。

展理念"[1]。党的二十大报告强调，"贯彻新发展理念是新时代我国发展壮大的必由之路"[2]。新发展理念蕴含着正确处理人与自然、人与社会、人与人之间关系的方法，是推动我国经济社会发展的基本遵循，也为中华文化的繁荣发展提供了科学的理念指引。建设社会主义文化强国，必须坚持科学发展，全面理解贯彻新发展理念，推进中国特色社会主义文化繁荣兴盛。

（一）以创新引领文化高质量发展

创新是引领发展的第一动力，在新发展理念中居于首位。党的十八届五中全会指出，"必须把创新摆在国家发展全局的核心位置，不断推进理论创新、制度创新、科技创新、文化创新等各方面创新"[3]。推动文化发展，必须坚持开拓创新，以创新发展理念激发全民族文化创造活力，实现文化的高质量发展。

按照国际经验，当一个国家的人均 GDP 达到 1 万美元时，文化需求将出现井喷式爆发。中国在 2019 年人均 GDP 已突破 1 万美元。随着我国经济社会的发展，人民的精神文化需求必将有一个质的跃升，对文化产品与文化服务的质量要求更高，从"有没有"转为"好不好"。这就要求我们在推动社会主义文化强国建设的过程中，必须推动社会主义文化理论和文化发展理念的创新，从单纯地追求文化产品数量向追求高质量文化产品转变，不断提升文化供给质量，使其与人民日益增长的文化需求特别是对文化精品的需求相适应。

进入信息时代以来，新科技革命方兴未艾，信息技术不仅使经济社会发生翻天覆地的变化，也为文化发展提供难得的机遇。着眼未来发展，我们必须高度重视互联网、大数据、人工智能等领域的科技变革，认真研究其对文化发展方式产生的影响，深刻剖析、提前筹划、引领发展，充分建好用好依托信息技术为基础的网络文化、虚拟文化，推动文化与科技加速融合，不断

---

① 习近平：《决胜全面建成小康社会 夺取新时代中国特色社会主义伟大胜利——在中国共产党第十九次全国代表大会上的报告》，人民出版社 2017 年版，第 27 页。

② 习近平：《高举中国特色社会主义伟大旗帜 为全面建设社会主义现代化国家而团结奋斗——在中国共产党第二十次全国代表大会上的报告》，人民出版社 2022 年版，第 70 页。

③ 《十八大以来重要文献选编》（中），中央文献出版社 2016 年版，第 792 页。

优化社会主义文化的生产创作方式、传播方式、消费方式，以新科技引领文化产业快速发展，提升公共文化服务水平。

以创新为引领，还必须不断深化文化体制机制改革。改革开放以来，社会主义市场经济体制日益完善，市场在资源配置中的决定性作用更加凸显，要解放和发展文化生产力，必须打破原有的思想禁锢，充分发挥好政府、企业、社会各自的作用，建立健全统一开放、竞争有序的现代文化市场体系。特别是面对文化市场的激烈竞争，我们要巩固国内文化市场、抢占国际文化市场，就必须加快文化产业发展，形成有利于提高文化产品竞争力的体制机制，培育具有较强实力与竞争力的文化企业，将我国文化资源优势转化为文化产品竞争优势，将文化市场竞争的机遇挑战转化为我国文化体制机制改革的动力。

（二）以协调推进文化平衡性发展

协调是持续健康发展的内在要求。推动社会主义文化强国建设，既要厚植优势、先试先行，更需注重补齐短板、协调发展，努力实现城乡、区域文化平衡发展，统筹发挥文化的社会效益和经济效益，实现经济社会与文化的平衡发展。

促进城乡间、区域间文化的协调发展，着力缩小并最终消除文化差距。文化强国建设，必须是全方位、多领域、多向度的，必须构建完善公平有序的文化发展格局。实施乡村全面振兴战略，必须大力推动农村文化的发展，大力倡导自力更生、艰苦奋斗、劳动光荣、勤劳致富的思想观念，着力改变陈规陋习、破除封建迷信，形成现代文明理念和生活方式，营造良好的农村文明新风。同时，加大中西部等相对落后地区的文化设施建设和文化服务供给，健全公共文化服务网络，提升公共文化资源利用率和服务效能，推动公共文化服务体系的标准化和均衡化，缩小因自然资源禀赋等差异造成的文化差距。

着力解决社会效益与经济效益的相互协调，促进文化事业与文化产业的平衡发展。文化产品往往兼具意识形态属性与商品属性，追求社会效益与经济效益的统一。在社会主义市场经济条件下，许多文化产品需通过市场实现价值，完全不考虑经济效益显然行不通。但文化创作若只是一味追求经济效益，就会走上弯路、错路。当两个效益、两种价值发生矛盾时，必须把社会效益置于首位，经济效益要服从社会效益，市场价值要服从社会价值。文化强国建设，必须统筹社会效益与经济效益，推动文化事业与文化产业协调发展，使文化产品与文化服务既能在思想上、艺术上取得成功，也能在市场上受到欢迎。

推动物质文明与精神文明协调发展，实现软硬实力的平衡。习近平总书记指出："要坚持'两手抓、两手都要硬'，以辩证的、全面的、平衡的观点正确处理物质文明和精神文明的关系，把精神文明建设贯穿改革开放和现代化全过程、渗透社会生活各方面。"[①] 随着我国经济社会的发展，实现中华民族伟大复兴的物质基础更加扎实，同时我们也亟待提升与之相适应的精神文化水平。应看到，当前我国的精神文化发展水平与经济发展水平之间仍存在差距，我国在世界的文化影响力与经济影响力之间也存在差距。经济发展成果不会自动转化为文化发展成果，这就需要我们不断提升全社会的文化自觉，广泛发动人民主动参与文化建设，奏响中国特色社会主义文化建设的"协奏曲"，实现中国软硬实力的平衡发展。

（三）以绿色实现文化可持续发展

绿色是永续发展的必要条件。在文化发展中，贯彻绿色发展理念，就是要把绿色发展理念融入文化建设发展的各领域和全过程，遵循人与自然和谐共生的规律，推动形成绿色发展方式和生活方式，推动文化的可持续、健康发展，建设美丽中国。

在推动形成绿色发展方式上，文化发展必须超越传统的唯 GDP 模式，纠正以高消耗、高污染换取发展的路径，以绿色理念引领发展，促进文化发展与经济发展的融合，特别是促进文化产业化发展。以文化创意、文化服务等为抓手，进一步推动文化产业化，充分发挥文化产业作为国民经济支柱性产

---

① 《习近平谈治国理政》第二卷，外文出版社 2017 年版，第 324 页。

业的作用，促进经济社会绿色发展，打造文化品牌、提升产品附加值。此外，文化产业在发展过程中，不是追求高大全，而是将低碳、绿色作为重要衡量指标，充分发挥科技作用，大幅提高文化资源利用率，"优化产业结构，淘汰落后产能，减少环境污染，把文化产业打造为名副其实的低碳产业、阳光产业和绿色产业"①。

在推动形成绿色生活方式上，需激活和创造性转化中国传统文化中"天人和一"的思想，改变单向度地从人自身需求来思考、定义"发展"的做法，将人与社会、生态结合起来，将绿色理念渗透、融入人们日常生活，以生态共同体促进人与自然和谐共生。在全社会倡导绿色生产生活方式，在衣、食、住、行等日常生活各环节体现绿色理念，使其成为社会共同追求的风尚，同时打造更多生动反映保护生态、尊重自然的高品质文化作品和服务，在全社会范围形成绿色、低碳、环保的价值理念。

（四）以开放促使文化包容性发展

开放是国家繁荣发展的必由之路。贯彻开放发展理念，既是经济全球化、社会信息化发展的要求，也是推动文化交流互鉴以实现自身发展的必然。这就要求我们既吸收借鉴人类一切优秀文明成果，又站在世界舞台上展现中华文化魅力。

与全方位开放格局相适应，我国文化发展不能闭门造车、孤芳自赏，必须大胆引进来，以大国开放的心态和气度对待其他国家和民族的优秀文化，借鉴吸收人类一切优秀文明成果，在尊重差异、平等交流的基础上，兼容并蓄。当然，在这一过程中需始终突出民族文化的主体性，学习先进但不是亦步亦趋，借鉴异域文化以发展民族文化。此外，需处理好文化开放与文化安全的关系。在文化的开放、竞争、交流中，通过比较吸收借鉴，有效维护我国文化安全。文化安全不是消极封闭，唯有在开放、借鉴、发展中不断增强中华文化的生产力、创新力、影响力，提升自身文化软实力，才能真正实现文化

---

① 沈壮海、史君：《把五大发展理念贯穿于文化发展改革全过程》，《党建》2017 年第 7 期。

安全。

在大胆"引进来"的同时，我们需正确处理不同国家间文化竞争与合作关系，更自信地"走出去"。这就要求我们不断提升自身文化软实力，进而提升中华文化的国际影响力。习近平总书记强调："提高国家文化软实力，不仅关系我国在世界文化格局中的定位，而且关系我国国际地位和国际影响力，关系'两个一百年'奋斗目标和中华民族伟大复兴中国梦的实现。"[①] 在着力打造具有中国特色、中国风格、中国气派话语体系的基础上，不断加强对外传播载体平台和国际传播能力建设，以世界各国人民喜闻乐见的方式讲清楚中华文化的精髓要义、当代中国的价值观念，扩大中华文化国际影响力，为重构世界文化格局贡献力量。

（五）以共享推动文化普惠性发展

共享是中国特色社会主义的本质要求。实现人民共享，彰显了我们党"以人民为中心"的立场。社会主义文化本质上是人民的文化，其源于人民、为了人民、依靠人民、服务人民，是人民共建与共享的有机统一。这就要求坚持共享发展理念，解决好社会公平正义问题，最大限度地让人民共享发展成果，满足最广大人民群众的文化需求，提升全体人民在文化发展建设中的获得感和幸福感。

推动文化发展全民共享。社会主义文化强国建设，应是广大人民群众共享发展成果，以区别于以往人类历史上个别人、少部分人占有文化发展成果的状况。我国社会主义文化强国建设是否成功，应以人民有没有享受到文化发展的成果、人民的精神文化生活是否真正得到改善、人民的文化权益和需求是否真正得到保障为最终判断标准。这就要求在推动社会主义的文化发展过程中，让发展成果更多更公平惠及广大人民群众，保障不同阶层、不同民族、不同地区的人们都能享受到文化发展成果，追求精神文化上的"共同富裕"，争取不让一个人掉队。

---

① 《习近平关于社会主义文化建设论述摘编》，中央文献出版社 2017 年版，第 198 页。

推动文化发展全面共享。文化的发展既包括文化事业，又涵盖文化产业。推动文化发展全面共享，意味着要实现人民的文化发展权利、发展机会和发展成果的全面共享。这就要求我们健全基本公共服务体系，完善共建共治共享制度体系，既推动各类文化资源、文化设施的全民共享，又不断提高公共文化服务水平和文化产业水平，创作出更多更好的文化精品，使其"飞入寻常百姓家"。

推动文化发展共建共享。人民群众是文化创作的主体，必须尊重人民的主体地位、首创精神，充分发扬民主、调动人民参与文化建设的积极性，主动提供更多平台、机会，特别是运用好互联网技术，使得人人参与文化建设，人人都有文化获得感。推动文化发展成果渐进共享。文化共享不是搞绝对平均主义，而是立足社会主义初级阶段的基本国情，量力而行、循序渐进。在文化发展中不断满足人民群众的基本文化需求和多样化文化需求，做大"蛋糕"的同时分好"蛋糕"。当然，以共享发展理念引领文化发展，必须构建完善相应的制度体系，推进文化体制机制改革，着力形成各类文化普惠共享的具体政策、法规、机制等，推动文化建设发展的各环节、各方面向着共享目标迈进。

二、坚持中国特色社会主义文化发展道路

中国特色社会主义文化发展道路，是建设社会主义文化强国、推动社会主义文化繁荣兴盛的唯一正确道路。党的二十大报告指出，"全面建设社会主义现代化国家，必须坚持中国特色社会主义文化发展道路，增强文化自信，围绕举旗帜、聚民心、育新人、兴文化、展形象建设社会主义文化强国"[1]，要求发展面向现代化、面向世界、面向未来的，民族的科学的大众的社会主义文化，激发全民族文化创新创造活力，增强实现中华民族伟大复兴的精神力量。

---

[1] 《习近平著作选读》第二卷，人民出版社 2023 年版，第 17 页。

（一）坚持和加强党对文化建设的领导

中国共产党始终代表中国最广大人民的根本利益，是中国特色社会主义事业的领导核心。"党政军民学，东西南北中，党是领导一切的。"①党的十八大以来，习近平总书记就加强党对文化建设的领导作出了一系列重要论述，进行了一系列重大安排部署。2023 年 10 月，习近平总书记对全国宣传思想文化工作提出"七个着力"的要求，其中第一点就是"着力加强党对宣传思想文化工作的领导"。坚持党对文化建设发展的领导，就要不断提高党引领社会主义先进文化建设的能力，改进党领导文化工作的方式，不断加强政治领导、思想领导和组织领导，把党的领导贯彻到社会主义文化建设的各领域各方面各环节。

一是加强党的政治领导。坚持党对文化的领导，就必须坚持党性和人民性相统一，坚持正确政治方向、站稳政治立场。在尊重文化发展规律的基础上，中国共产党科学制定文化发展的目标任务、方针政策和步骤措施，抓好论证、规划、部署、实施、检查等各个环节，协调处理文化与经济、政治、社会、生态文明等各领域协调发展的关系，并通过一定的法律程序使其上升为国家意志，成为社会主义文化发展的必要遵循，进而推动文化强国建设。而坚持什么样的方针、什么样的原则，直接关系着文化发展的性质和方向。中国共产党着力抓好和解决文化领域的重大问题，加强党的方针、政策、原则的引领，明确提倡什么、反对什么，支持健康文化、改造落后文化，坚决反对和抵制各种腐朽文化、"三俗"文化，通过理论斗争实现对文化建设的引导，推动社会主义先进文化的发展。

二是加强党的思想领导。坚持什么样的文化方向，是一个政党在思想精神上的一面旗帜。中国共产党始终把马克思主义特别是中国化时代化的马克思主义作为指导中国特色社会主义文化发展的科学指南，始终高举马克思主义的思想旗帜，确保了我国文化的社会主义性质和根本价值立场，使党牢牢

---

① 习近平：《决胜全面建成小康社会 夺取新时代中国特色社会主义伟大胜利——在中国共产党第十九次全国代表大会上的报告》，人民出版社 2017 年版，第 26 页。

掌握思想文化上的领导权。针对一些西方国家的意识形态渗透，邓小平曾一针见血地指出，"资产阶级自由化的核心就是反对党的领导"①，强调包括文化领域在内的社会主义现代化建设必须坚持党的领导，克服消极文化思想影响。进入新时代，以习近平同志为核心的党中央始终强调"坚持党的领导是方向性问题"，强调坚持和加强党对宣传思想文化工作的全面领导。而加强党对文化的思想领导，就必须坚持和巩固党对意识形态工作的领导，巩固马克思主义在意识形态领域的指导地位，加强对文化创作生产的引导，坚持文化发展的"二为"方向和"双百"方针，努力实现"贴近实际、贴近生活、贴近群众"，进一步健全党对文化工作的领导机制，充分利用多种文化资源和传播媒介，增强宣扬主流价值的文化作品的吸引力、感染力。

三是加强党的组织领导。贯彻党管人才的原则，大力培育各级文化专门人才和文化管理干部，健全文化人才的培养、使用、评价、选拔机制，发挥各级党组织、广大党员在社会主义文化建设中的模范带头作用，突出知识分子在文化创作生产中的重要作用，激发广大人民群众参与变革的热情。同时，不断完善党领导文化建设的体制机制，重视和加强文化各领域的党组织建设，无论是文艺事业、新闻舆论工作，还是哲学社会科学、网络意识形态工作，都必须坚持党的领导、建强党的组织，坚持党管宣传、党管意识形态、党管媒体，把党报党刊、电台电视台等文化企事业单位选好用好领导班子、打造坚强的领导集体作为加强党对文化领导权的重要工作，重视抓好文化领域的基层党组织建设、党员队伍建设，充分发挥党员的模范带头作用。

（二）坚持以人民为中心，激发全民族文化创造活力

马克思主义认为："人民群众是一切生产力中最重要的因素，是社会生产方式的主体，因而也就是社会历史的主体，是历史的创造者。"②马克思主义文化理论始终强调把文化发展落脚于"人"，中国共产党人一贯重视文化发展"依

---

① 《邓小平文选》第二卷，人民出版社1994年版，第391页。
② 肖前：《马克思主义哲学原理》，中国人民大学出版社2006年版，第318页。

靠谁、为了谁"的问题。习近平总书记在 2013 年全国宣传思想工作会议上强调指出，"坚持人民性，就是要把实现好、维护好、发展好最广大人民根本利益作为出发点和落脚点，坚持以民为本、以人为本"①，突出强调文化发展源于人民、依靠人民，为了人民、属于人民。就新时代中国特色社会主义文化发展而言，文化"为了谁"与"依靠谁"是相互统一的，人民群众不仅是文化产品的享有者，同时也是文化生产创作的依靠力量。人民群众正是在从事包括文化生产在内的各种社会实践中，不断提升个人素质，推动自身的全面发展。中国特色社会主义文化的发展，必须把着力点放在满足人民群众精神文化需求和促进人的全面发展上，重视发挥人民群众在文化建设中的主体作用，激发全民族的文化创造活力。

一是坚持以人民为中心的工作导向，为人民群众投身文化建设提供舞台，使全社会的文化创造活力竞相迸发。群众的力量是无穷的，群众的智慧是无尽的，人民群众的文化需求始终是文化发展的驱动力。伴随人们实践活动范围的不断扩展和水平的不断提升，文化不再是人们消费的奢侈品而是必需品，人们追求丰富的文化资源以满足精神生命存在意义的需求，对文化精品数量和质量的要求越来越高。因此，在推动文化发展的过程中，我们要始终坚持走群众路线，在文化生产、传播、消费的各个环节始终坚持以人民为中心的导向，尊重人民的主体地位，依靠群众；在发展中遇到困难矛盾时，问计于群众；把是否符合人民利益、人民是否满意作为文化发展成果的检验标准。文化只有满足人们的需求，才能长久地发展下去。只有广泛开展人民群众喜闻乐见、便于参与的文化活动，搭建各类群众文化活动平台，支持群众依法兴办文化团体，并且善于总结推广源于群众的文化创新经验，才能更好激发人民群众投身文化建设的热情。

二是充分尊重人民群众的首创精神，充分挖掘蕴藏于人民群众中的文化创造潜能。坚持"贴近实际、贴近生活、贴近群众"的原则，引导广大文化

---

① 《胸怀大局把握大势着眼大事 努力把宣传思想工作做得更好》，《人民日报》2013 年 8 月 21 日，第 1 版。

工作者拜人民为师、向人民学习，善于从人民群众的日常生活中挖掘素材，从人民群众的伟大创造中汲取营养，从人民群众的实践创造中提炼主题，努力创作出大批人民喜爱的文化精品。以文艺创作为例，习近平总书记指出："文艺创作方法有一百条、一千条，但最根本、最关键、最牢靠的办法是扎根人民、扎根生活。"① 同时，需以激发全民族的文化创造活力为中心环节，营造鼓励创新的良好氛围，构建完善的权益保护机制，既加强文化生产创作的引导，又充分发挥市场的积极作用，使各类文化创作生产始终站在人民群众的立场上，反映人民的心声，代表人民的利益，满足人民需求，又最大限度激发广大人民群众参与文化建设的热情，营造文化创新的良好氛围。

三是引导人民树立参与意识，以高度的文化自觉积极参与文化建设。利用理论研究、新闻宣传、文艺出版、思想政治工作、精神文明创建等多种渠道，采取多项措施综合施力，使群众树立高度的文化自觉，确实将文化发展作为群众自己的事业。加强对群众的教育引导工作，把思想工作与群众的自我教育结合起来，大力实施文化惠民工程，使广大群众在接受文化、参与文化、欣赏文化的过程中提高思想认识和文化修养，进一步增强参与文化建设的自觉性。将文化建设发展的目标任务与人民群众的精神需求、切身利益结合起来，吸引最广泛的群众力量自觉参与文化建设，通过文化发展使人民群众享受更好的文化成果。

（三）坚持深化改革，不断解放和发展文化生产力

改革是一个国家、一个民族的生存发展之道。没有深化改革与对外开放，就没有当代中国的发展进步。"改革是解放和发展文化生产力的必由之路，创新是文化繁荣发展的制胜之道。"② 走中国特色社会主义文化发展道路，必须深化文化体制改革，大力推进文化内容形式、方法手段创新，加快构建有利于文化繁荣发展的体制机制，不断解放和发展文化生产力。党的十八大以来，

---

① 习近平：《在文艺工作座谈会上的讲话》，人民出版社 2015 年版，第 19 页。
② 朱康有：《论中国特色社会主义文化发展道路》，《中国井冈山干部学院学报》2012 年第 3 期。

以习近平同志为核心的党中央坚持马克思主义的立场、观点和方法，高度重视全面深化改革问题，不断推进文化体制机制创新，强调要"完善文化管理体制，建立健全现代文化市场体系，构建现代公共文化服务体系，提高文化开放水平"[①]，不断深化文化体制机制改革，增强文化创新发展活力。改革只有进行时，没有完成时。站在新的历史起点，我们要实现中华民族伟大复兴中国梦、建成社会主义文化强国，仍需要以改革创新为动力，总结和探究文化改革发展的内在规律，进一步深化文化体制改革，激发出全民族文化创造活力。

一是增强文化体制改革的方向性和坚定性。一方面，文化体制机制改革的方向要明确。习近平总书记在谈到文化体制改革时讲道："无论改什么、怎么改，导向不能改，阵地不能丢。"[②] 深化文化体制改革，必须坚持党的集中统一领导。中国共产党 100 多年的奋斗历程证明，只有坚持党的领导，我们的事业才能不断从胜利走向胜利。党的十八大以来，面对艰巨复杂的改革任务，党中央举旗定向、谋篇布局，以前所未有的决心和力度推进全面深化改革，坚持一分部署、九分落实，抓铁有痕、踏石留印，各项改革相继落地、渐次开花，在文化体制机制改革方面取得了重大进展。在实现社会主义现代化的征程上，深化文化体制机制改革，必然要继续坚持和深化党的领导，推动社会主义文化朝着更好的方向发展。深化文化体制改革，必须确保改革的中国特色社会主义方向。方向决定道路，道路决定命运。改革开放 40 多年来，我们之所以能取得巨大成功，关键在于我们既不走封闭僵化的老路，也不走改旗易帜的邪路，坚定不移走中国特色社会主义道路。邓小平曾指出，"改革是社会主义制度的自我完善"[③]，不是对社会主义制度改弦易张，因此，不论怎么改、怎么开放，都要始终坚持中国特色社会主义道路、中国特色社会主义理论体系、中国特色社会主义制度、中国特色社会主义文化。深化文化体制机制改革也要坚持这一点，只有这样才能保证改革的成功。另一方面，

① 《十八大以来重要文献选编》（上），人民出版社 2014 年版，第 533—535 页。

② 习近平：《在全国宣传思想工作会议上的讲话》，《人民日版》2013 年 8 月 19 日，第 1 版。

③ 《邓小平文选》第三卷，人民出版社 1993 年版，第 142 页。

增强文化体制改革的坚定性。在中国这样一个拥有14亿多人口的大国，深化文化体制机制改革绝非易事。当前，随着全面深化改革的推进，我国的文化体制机制改革在法治建设、政府职能等方面已取得较大进步，容易的、皆大欢喜的改革已经完成了，剩下的都是难啃的硬骨头，改革进入攻坚期、深水区，这要求我们胆子要大、步子要稳。胆子要大，就是改革再难也要向前推进，敢于担当，敢于啃硬骨头，敢于涉险滩。同时，步子要稳，就是方向一定要准，行驶一定要稳，尤其是不能犯颠覆性错误。当然，增强文化体制机制改革的方向性和坚定性，并不意味着故步自封，固执己见，反对文化交流，更不意味着秉持"中华文化优越论"。相反，在坚定正确导向的同时，深化文化体制机制改革，才能创作出更多为人民群众所喜爱的作品，推动中华文化走出去，才能加强与不同国家和地区的文化交流，共同推动人类文明的进步。

二是完善文化管理体制，转变政府职能。第一，促进政府加快由"办文化"向"管文化"转变、由"管脚下"向"管天下"转变。在2013年11月召开的党的十八届三中全会上，习近平总书记在讲话中提出"推动政府部门由办文化向管文化转变"[①]的要求，发挥市场在资源配置中的基础性作用向决定性作用转变，实现政府从微观管理到宏观管理的转变。按照政企分开、政事分开的原则，强化政府的政策调节、市场监管、社会管理和公共服务职能，向社会放权、向市场放权。具体来说，改革后的政府在文化管理方面的职能主要包括：制定文化产业发展规划和产业政策，建立文化产业的宏观调控体系；直接投资建设一批重点文化工程和标志性公共文化设施；主动参与国际经济文化的竞争；增强行业的自我管理和有序竞争机制；等等。第二，建立权威高效的统一文化管理机构。长期以来，我国的文化管理格局实行的是分业管理体制，即不同文化行业由不同政府文化部门管理。这就容易出现职能交叉重叠、管理空白、上下不对应等问题，给地方文化管理带来诸多不便。深化文化体制改革以来，在中央的支持下，精简机构，曾经的格局有所转变。下一步需加大整合文化管理部门的力度，综合运用行政、经济、法律等多种手段，将

---

① 《十八大以来重要文献选编》（上），人民出版社2014年版，第533页。

堵与疏、管与导结合起来，形成权威高效的统一文化管理机构，不断加强对文化创作生产的引导，加强对网络文化、新闻舆论的管理，在文化管理监督上不缺位，同时依法确定职能权责范围，保证不越位、不错位。第三，听取民众声音，促进管理主体多元化。鼓励公民、社会组织参与文化管理，在制定文化政策时政府能够多听取意见，这是完善文化管理体制的重要方面，也是实现国家治理体系和治理能力现代化的重要步骤。

三是坚持系统观念，注重统筹兼顾。在深化文化体制机制改革的过程中，我们既要注重文化产品内容与形式的创新，又要注重文化生产方法与途径的变革；既要转变政府文化管理部门职能，着眼于构建完善科学高效的宏观文化管理体制，又要建立健全统一的文化市场，注重形成有利于文化企业提高效率的微观运行机制；既要理顺政府管理部门与文化企事业单位之间的关系，又要注重调节市场经济条件下文化企业间的竞争与协作关系。深化文化体制改革的目的，不是用行政手段、强迫命令的方式去发展文化，而是要探索和遵循文化发展的规律，重视文化的积累与传承，所以必须正确处理好政府、市场和企事业单位的关系，调动各方面积极性以推动文化繁荣兴盛。唯有"着力构建充满活力、富有效率、更加开放、有利于文化科学发展的体制机制"①，才能推动文化生产力的解放和发展。

三、正确处理文化发展中的若干重大关系

中国共产党成立 100 多年来，带领人民开展了波澜壮阔的文化建设实践，创造出一系列丰硕成果，同时根据新时代新实际，提出新的任务要求。着眼未来，培育和创造新时代中国特色社会主义文化、担负起新的文化使命，必须紧紧围绕建设社会主义文化强国、建设中华民族现代文明的宏大目标，坚持马克思主义的指导地位，坚持守正创新，坚持开放包容，正确认识和处理好一与多、古与今、中与外的关系。

---

① 《论文化建设——重要论述摘编》，学习出版社、中央文献出版社 2012 年版，第 106 页。

（一）坚持马克思主义指导，处理好一与多的关系

马克思主义是我们立党立国、兴党兴国的根本指导思想，是我们党的灵魂和旗帜。习近平总书记指出："在坚持以马克思主义为指导这一根本问题上，我们必须坚定不移，任何时候任何情况下都不能动摇。"① 我们必须旗帜鲜明坚持马克思主义的一元指导，同时尊重文化差异、包容多样，以马克思主义引领多样思想文化的发展，做到坚持马克思主义一元指导与促进多样文化发展的辩证统一。

以一元引领多样。马克思、恩格斯在《德意志意识形态》中指出，"占统治地位的思想不过是占统治地位的物质关系在观念上的表现，不过是以思想的形式表现出来的占统治地位的物质关系"②。马克思主义揭示了人类社会发展的普遍规律，是科学的理论体系。推动社会主义文化繁荣发展，必须以马克思主义为指导思想，坚持党对意识形态的领导权，用党的创新理论武装全党、教育人民、指导实践，以确保我国文化能够始终沿着社会主义的正确方向发展。面对西方资本主义意识形态的渗透，面对"儒学复兴""全盘西化""西体中用"等文化主张，面对社会中多样化的文化需求和文化思潮，我们只有始终坚持马克思主义的一元指导地位，推进马克思主义中国化时代化，才能形成主导社会价值、引领社会风尚的精神支柱，克服消极思想文化的影响。20 世纪 80 年代末 90 年代初苏联解体、东欧剧变，一个重要原因就是放弃了马克思主义的指导地位，导致社会思想的混乱。汲取历史经验教训，当代中国在面对多变多样的社会思潮时，必须坚持指导思想的一元化，毫不动摇巩固马克思主义在意识形态领域的指导地位，并用马克思主义引领多样文化的发展。

以多样丰富一元。关于多样文化，就我国而言，"我们可以简单地将社会主义核心价值体系之外的其他文化内容称为多样的文化的组成部分"③。社会思

---

① 《习近平谈治国理政》第二卷，外文出版社 2017 年版，第 66 页。

② 《马克思恩格斯选集》第 1 卷，人民出版社 2012 年版，第 178 页。

③ 孙力：《社会主义文化繁荣的历史进程：一与多的考量》，《毛泽东邓小平理论研究》2013 年第 10 期。

想文化的多样化差异化是经济社会转型发展的必然产物，是社会主义优越性的体现，有利于社会思想文化的进步，为丰富和发展马克思主义创造了条件。纵观马克思主义形成、发展、成熟的历程，这一科学理论不但不排斥各种进步的社会思潮，而且敢于和善于从多样思想理论中借鉴吸收有益的部分，始终在与各个时期多样思想文化的争鸣、交流、交融中，不断增强自身的生机与活力。反之，那种把马克思主义的一元指导与多样化社会思潮绝对对立起来、机械割裂开来，甚至搞文化封闭、人为按意识形态划线的做法，本身就歪曲了马克思主义发展史，不但会妨碍社会主义文化的健康发展，也会影响马克思主义在意识形态领域的指导地位。历史的经验教训提醒我们，只有坚持"双百"方针，鼓励文学艺术、哲学社会科学中不同流派的发展，允许不同文化观点间的争鸣，坚持"二为"方向与"双百"方针在适度张力下的有机统一，才是真正尊重文化发展的一般规律，才能极大释放文化创作生产的活力，促进社会主义先进文化的发展。面对世界百年未有之大变局加速演进，面对我国改革开放不断深化的利益格局调整，面对多元多样多变的文化思潮，只有把坚持马克思主义一元指导与鼓励多种文化共同发展结合起来，坚持把弘扬主旋律与提倡多样化有机统一起来，既坚持社会主义先进文化的前进方向，推动马克思主义中国化时代化，又充分发扬学术民主，鼓励不同思想文化间的争鸣交锋，才能在探求真理、求同存异的过程中不断增强民族的凝聚力与创造力。

（二）坚持守正创新，处理好古与今的关系

习近平总书记强调，要坚持守正创新，"以守正创新的正气和锐气，赓续历史文脉、谱写当代华章"[①]。推进新时代中国特色社会主义文化的发展，必须立足于5000年中华文明，处理好守正与创新的关系，做好创造性转化、创新性发展。守正与创新不是彼此割裂的两个阶段，而是内蕴一致的统一体。

以守正为基础促进创新。创新必先守正，守正就需守好中华优秀传统文

---

① 习近平：《在文化传承发展座谈会上的讲话》，《求是》2023年第17期。

化、革命文化、社会主义先进文化的传承发展，弘扬主流价值，滋养精神家园；需汲取中华优秀传统文化的精华，突出对优秀传统文化的继承和借鉴，发挥中华优秀传统文化的时代价值；需以社会主义核心价值观为引领，将其融入日常生活工作，加强社会主义精神文明建设；需统筹运用道德与法治的力量，唱响主旋律、弘扬正能量，提升社会文明程度。特别是就传统文化而言，"守正创新"正是要立足于我国 5000 年文明孕育出的中华优秀传统文化这个"根"。正如习近平总书记指出的："中华优秀传统文化是我们最深厚的文化软实力，也是中国特色社会主义植根的文化沃土。"①中华优秀传统文化作为涵养社会主义先进文化的重要源泉，蕴含着博大精深、丰富深刻的哲学思想、人文精神和道德观念，是中华儿女坚定文化自信的坚实根基。例如，"先天下之忧而忧，后天下之乐而乐"的政治抱负，"位卑未敢忘忧国""苟利国家生死以，岂因祸福避趋之"的报国情怀，"富贵不能淫，贫贱不能移，威武不能屈"的浩然正气，"人生自古谁无死，留取丹心照汗青""鞠躬尽瘁，死而后已"的奉献精神，等等。只有深入挖掘中华优秀传统文化这一富矿宝藏，深入挖掘和阐发中华优秀传统文化讲仁爱、重民本、守诚信、崇正义、尚和合、求大同等理念，把具有当代价值、世界意义的文化精髓提炼出来，结合新时代新实际着力推动其创造性转化、创新性发展，做到古为今用，实现传统与现代的有机衔接，才能让中华文化展现出持久魅力和时代风采。

以创新来实现当代的守正。创新，包括理论、教育、舆论、文化事业、文化产业等各领域的创新。中华优秀传统文化是中华民族的"根"和"魂"。提高文化创新力既不能厚今薄古，也不应厚古薄今。党的十八大以来，以习近平同志为核心的党中央以强烈的历史担当，推动中华优秀传统文化的创造性转化、创新性发展。其中，《关于实施中华优秀传统文化传承发展工程的意见》，第一次以中央文件的形式专题阐释传统文化的继承发展工作，推动中华优秀传统文化再次焕发出时代活力。当前，只有推动中华优秀传统文化与

---

① 《牢记历史经验历史教训历史警示 为国家治理能力现代化提供有益借鉴》，《人民日报》2014 年10 月 14 日，第 1 版。

主流文化、流行文化对接，打造出更多反映当代中国精神、中国价值、中国力量的文化元素，创造出一大批既养眼又养心、既有意思又有意义的文化精品，例如舞蹈《只此青绿》、文化节目《典籍里的中国》《中国诗词大会》等，以不断满足人民日益增长的精神文化需求，这样才能占领市场、走进内心，才能活起来、火起来、传下去，让中华优秀传统文化在现代社会展现出新的时代价值。

（三）坚持开放包容，处理好中与外的关系

习近平总书记在文化传承座谈会上指出，要秉持开放包容，"坚持马克思主义中国化时代化，传承发展中华优秀传统文化，促进外来文化本土化，不断培育和创造新时代中国特色社会主义文化"[①]。"海纳百川，有容乃大。"面对当前经济全球化浪潮、日益变小的地球村，文化的开放交流已成为时代大势。被动不如主动，观潮不如弄潮。培育和创造新时代中国特色社会主义文化，必须坚持开放包容，着力处理好中与西之间的关系，坚持不忘本来、吸收外来、面向未来，主动融入世界，讲好中国故事。

一方面，需大胆引进来，不断提升文化对外开放水平，在开放中保持民族主体性。封闭保守只能落后。改革开放以来，我国逐步形成全方位对外开放格局，邓小平曾强调指出："经济上实行对外开放的方针，是正确的，要长期坚持。对外文化交流也要长期发展。"[②]进入新时代，习近平总书记在2013年全国宣传思想工作会议上强调："对我国传统文化，对国外的东西，要坚持古为今用、洋为中用，去粗取精、去伪存真，经过科学的扬弃后使之为我所用。"[③]这为我们正确选择和利用各种文化资源指明了方向。对待包括西方文化在内的各种文化资源，必须坚持开放交流的态度，敢于大胆地批判借鉴吸收，做到批判甄别与吸收借鉴的统一，坚持文化主体性与开放性的统一，实现文

---

① 习近平：《在文化传承发展座谈会上的讲话》，《求是》2023年第17期。

② 《邓小平文选》第三卷，人民出版社1993年版，第43页。

③ 《胸怀大局把握大势着眼大事 努力把宣传思想工作做得更好》，《人民日报》2013年8月21日，第1版。

化开放与文化安全的统一。面对经济全球化浪潮，我们既要主动作为、融入世界，防止故步自封，又要始终坚持文化的主体性，防止照搬照抄、反对全盘西化。面对文化交流交融的大势，我们惟有以海纳百川的胸怀、兼收并蓄的态度，大胆吸收借鉴包括西方文化在内的人类一切优秀文明成果，推进不同文明间的平等对话、交流交融，才能不断丰富完善自身。同时，面对西方文化的渗透，我们必须立足自身实际、保持文化主体性，以我为主、扬长避短，铸牢思想文化防线、巩固意识形态阵地。

另一方面，需大胆走出去，提升中华文化的国际影响力，在交流中增强软实力。只有以世界文明为坐标，加快构建中国话语和中国叙事体系，加强国际传播能力建设，用好中华经典文献、大众传媒等载体，充分发挥14亿多中国人自觉传播中华文化的积极性，深化文明的交流互鉴，才能更充分彰显中华文化魅力，展现我国文明大国、东方大国、负责任大国、社会主义大国的形象。这就需要把我国经济社会的发展优势、综合实力等转化为话语优势，彰显中华文化的亲和力、增强舆论传播力、提升话语掌控力。对外传播中华文化，不仅以中国形式走出去，更要以适应世界的方式走进去；不仅讲述中国自身特色，更需研究解答世界共同的问题；不仅思考我们想讲什么，更要考虑受众能听懂什么、得到什么。我们既要宣传好中华优秀传统文化，又要传播好中国特色社会主义文化；既推介"舌尖上的中国"，更推广"学术中的中国""理论中的中国""哲学社会科学中的中国"，展现真实、立体、全面的中国。唯有高举人类命运共同体旗帜，始终代表世界和人类文明进步的方向，不断推动中华文化走出去、走进去、走上去，才能在深化文明交流互鉴中建设社会主义文化强国，推动世界文明从"我花开后百花杀"的殊死决斗走向"万紫千红春满园"的美美与共，实现人类多元价值的共荣共存、和而不同。

第四章

推进文化自信自强

习近平总书记在党的二十大报告中强调："全面建设社会主义现代化国家，必须坚持中国特色社会主义文化发展道路，增强文化自信。"[①] 自信才能自强，2023 年，习近平总书记在文化传承发展座谈会上的讲话中进一步指出："有文化自信的民族，才能立得住、站得稳、行得远。"[②] 面对复杂的国际局势和多样化的社会思潮，只有坚定文化自信才能更好地坚持中国特色社会主义道路，实现社会主义现代化和中华民族伟大复兴。坚定文化自信首先需要明确文化自信的生成逻辑，在坚定马克思主义信仰的前提下，加快构建中国特色哲学社会科学，推动中外文化交流互鉴。

一、新时代文化自信的生成逻辑

党的十八大以来，习近平总书记在多次讲话中提到文化自信。2016 年在中国共产党成立 95 周年大会上的讲话中，习近平总书记正式提出"四个自信"，即道路自信、理论自信、制度自信、文化自信，这标志着"文化自信"概念的正式提出。文化自信是一个民族、一个国家以及一个政党对自身文化价值的充分肯定和积极践行，并对其文化的生命力持有坚定信心。文化自信的生成是我们坚持以马克思主义为指导，以人民群众的利益诉求为价值导向，在实践中不断探索而逐渐形成的，是正确的价值选择。

①　习近平：《高举中国特色社会主义伟大旗帜 为全面建设社会主义现代化国家而团结奋斗——在中国共产党第二十次全国代表大会上的报告》，人民出版社 2022 年版，第 42—43 页。

②　习近平：《在文化传承发展座谈会上的讲话》，《求是》2023 年第 17 期。

（一）新时代文化自信的理论逻辑

第一，中华优秀传统文化是文化自信的根基。习近平总书记强调："中国有坚定的道路自信、理论自信、制度自信，其本质是建立在 5000 多年文明传承基础上的文化自信。"[①]中华民族是人类历史上唯一一个文明没有中断过的民族，在上下五千年的历史长河中积淀着悠久而深厚的文化底蕴。早在 2000 多年前，老子、孔子、孟子、庄子等思想家就在探讨人与人、人与社会、人与自然的关系，提出了包括无为而治、礼义廉耻、仁者爱人、天人合一、道法自然等在内的诸多理念，这些理念至今仍然深深影响着中国。在中华优秀传统文化的滋养下，不仅形成了以爱国主义为核心的民族精神和以改革创新为核心的时代精神，还塑造了以为人民服务为核心、以集体主义为原则的社会主义道德，更涵养了社会主义核心价值观。习近平总书记强调："历史是最好的老师"[②]。中华优秀传统文化是在历史长河中沉淀下来的精华，是新时代文化自信的根基所在。

第二，革命文化和社会主义先进文化是文化自信的支撑。中国的革命文化和改革开放以来形成的以改革创新为主题的社会主义先进文化，是中国化时代化的马克思主义在不同历史发展阶段文化形态的集中表达。历史和现实昭示着一个真理：我们既不能走封闭僵化的老路，也不能走改旗易帜的邪路。作为一种文化形态，中国共产党领导创立的革命文化和社会主义先进文化，就是在与封闭僵化的苏联教条文化及蛊惑中国改旗易帜的西方错误文化的斗争中发展起来的。在新民主主义革命早期，把马克思主义教条化、把苏联经验和共产国际指示神圣化给革命事业带来了巨大损失，以毛泽东同志为主要代表的中国共产党人总结出"必须把马克思主义同中国革命具体实际相结合"，形成了一条"农村包围城市、武装夺取政权"的革命道路，塑造了富有中国特色的革命文化，实现了马克思主义与中国实际相结合的第一次飞跃，完成

---

① 国务院研究室编写组：《十三届全国人大一次会议〈政府工作报告〉辅导读本》，人民出版社2018 年版，第 398 页。

② 习近平：《在党史学习教育动员大会上的讲话》，《求是》2021 年第 7 期。

了作为文化形态的中国化时代化马克思主义的首次历史出场；改革开放历史新时期，中国共产党人把握世界发展大局，在波澜壮阔的全球化浪潮中，立足于中国特色社会主义实践，既勇于借鉴西方优秀文明成果，又对西方的政治制度、意识形态和价值观念保持高度理性，形成了富有中国特色的社会主义先进文化，实现了马克思主义中国化时代化新的飞跃。中国的革命文化和社会主义先进文化构成了中国特色革命和建设道路的文化机理，不仅使中国发生了翻天覆地的历史巨变，而且有力地推动了中华民族的伟大复兴，是新时代文化自信的核心价值标识。

第三，马克思主义是文化自信的强大引领。十月革命为中国送来马克思主义，之后我们在马克思主义的指引下，相继取得了新民主主义革命、社会主义革命和建设、改革开放和社会主义现代化建设和新时代中国特色社会主义的伟大成就。在新时代背景下发展文化，需要继续坚持并不断加强马克思主义的指导地位，因为，马克思主义本身就是一种先进的文化。这种先进性来自它的科学性、革命性、人民性、实践性、发展性。马克思主义的科学性在于它对自然、社会和人类思维发展本质和规律的正确反映；其革命性集中表现为它的彻底的批判精神和鲜明的无产阶级立场；其人民性在于它始终将人民放在心中最高位置，一切奋斗都致力于实现最广大人民的根本利益；其实践性在于它不是书斋中的学问，不是一种纯粹解释世界的学说，而是直接服务于无产阶级和人民群众改造世界的实践活动的科学理论；其发展性表现在马克思主义与时俱进的品质。马克思主义传入中国以来，在革命、建设和改革的过程中，逐渐中国化并形成了毛泽东思想、邓小平理论、"三个代表"重要思想、科学发展观和习近平新时代中国特色社会主义思想，这些理论成果是最宝贵的精神财富。

（二）新时代文化自信的历史逻辑

第一，摒弃古代中国文化自负的弊端。产生文化自负心理主要有两方面原因：其一，在封建社会，中华民族创造了世界上先进、灿烂的文化，科技、文化、艺术等方面长期处于世界领先水平，这就使古代中国逐渐滋生出自负的民族情绪，世界中心的天朝上国心态和世界交流中的自我封闭状态逐渐滋长。其二，在中国古代哲学思想中，君子追求功利与道义，当道义与功利发生矛盾时，君子应当弃功利而守道义。这种观点使中国在面对西方文化时采取保守的态度，甚至拒绝向西方学习。这种文化自负的心态，直接导致了近代中国的落后。历史告诉我们，在进行社会主义现代化建设的新征程中我们必须摒弃文化自负、摆正心态，只有这样才能促进社会主义文化的繁荣发展。

第二，克服近代中国文化自卑的心理。马克思认为，"人们的观念、观点和概念，一句话，人们的意识，随着人们的生活条件、人们的社会关系、人们的社会存在的改变而改变"①。鸦片战争之后，中国的国门被打开，随之而来的战乱使中国国际地位骤降，人民生活困苦不堪。战场的节节败退、社会的积贫积弱、文化交流被蔑视的状态，使中国对待自身文化的态度也发生了极大的变化，逐渐从文化自负转向文化自卑。在洋务运动和新文化运动过程中，更有一些学者主张"全盘西化"，盲目崇拜西方文化，认为中国"百事不如人"，否定中华传统文化，这实际就是文化自卑的表征。但在革命实践中，有识之士并没有被西方科学、民主的旗号所蒙蔽，而是在艰难的探索中，坚持以马克思主义为指导，不断结合自身实际，逐渐探索出一条符合中国实际情况的文化发展之路。

第三，重塑现代中国文化自信。文化自信是在文化自负与文化自卑中做出的正确选择，文化自信是对中华优秀传统文化、革命文化与社会主义先进文化的自信，是在与他者文化比较后仍然能够坚定自我，克服文化自卑与文化自负的心理倾向与价值取向，秉持自信的价值立场与文化立场。近代以来，无数仁人志士为改变国家落后状况进行斗争，新中国成立后特别是改革开放以来，随着综合国力的增强，中华文化在世界范围内的影响日益增强。可以说，新时代的文化自信摒弃了文化自负的心理，克服了文化自卑的弊端，在马克思主义的指引下，以中华优秀传统文化为基石，不断在实践中探索文化发展

---

① 《马克思恩格斯文集》第2卷，人民出版社2009年版，第50—51页。

的新路径，开创了文化发展的新局面。

（三）新时代文化自信的价值逻辑

第一，满足人民美好生活需要的内在要求。中国特色社会主义进入新时代，社会主要矛盾发生变化，人民对美好生活的向往更加强烈，对物质、文化提出了更高的要求。新时代，群众的文化消费需求日益多样化，群众的文化获得感幸福感也在逐渐提升。随着互联网的发展，现在我国的文化消费需求出现了一些新的趋势，较为突出的一点是：本土文化产品消费需求上升，这些消费需求带动了一批"国潮"品牌的发展。此外，在文艺作品中，也出现了很多被大众所喜爱的"中国风"作品，像电影《哪吒》、歌曲《华夏》等。本土文化产品之所以能够得到越来越多国人的喜欢，很大程度上是因为其将传统文化与时代巧妙结合，碰撞出微妙的火花，满足了人民群众对文化产品的需求。而只有坚定文化自信，坚持用科学的态度对待传统文化和外来文化，才能够创造出越来越多为群众喜爱的文化作品，满足人民群众对美好生活的需要。

第二，保障国家意识形态安全的现实需求。习近平总书记指出："历史和现实反复证明，能否做好意识形态工作，事关党的前途命运，事关国家长治久安，事关民族凝聚力和向心力。"[1] 虽然和平与发展是当今时代的主题，在经济全球化和政治多极化背景下，各个国家在经济、政治等方面的竞争日益激烈，影响安全的因素仍然存在，比如西方"普世价值"、历史虚无主义等。坚守意识形态阵地，文化自信是底气。只有坚持文化自信，才能在面对西方敌对势力渗透时，继续坚定走中国特色社会主义道路；只有坚持文化自信，才能在人民利益受到威胁时，坚定不移维护人民群众的生命财产安全；只有坚持文化自信，面对历史虚无主义时，我们才能做出有力的回击。

第三，构建人类命运共同体的本质诉求。文化自信不仅是中国人的自信，更是在构建人类命运共同体的过程中，向世界贡献中国智慧和中国方案。从

---

[1] 《习近平关于总体国家安全观论述摘编》，中央文献出版社 2018 年版，第 118 页。

《尚书》里的"民惟邦本"到《礼记》里的小康图景，数千年的民族冀望最终落实于中国共产党的根本宗旨与发展思想：以人民为中心。秉持着以人民为中心、为人民服务的理念，中国共产党领导人民打赢了脱贫攻坚战，9899万农村贫困人口全部脱贫，832个贫困县全部摘帽，12.8万个贫困村全部出列，区域性整体贫困得到解决，完成了消除绝对贫困的艰巨任务，创造了人类减贫史上的奇迹，为世界消除绝对贫困贡献了中国力量。不仅如此，中国秉持和而不同的理念，积极推动不同国家、民族和文明间的交流和对话，构建相互尊重、求同存异、共同发展的关系。积极促进共建"一带一路"国际合作，加大对发展中国家特别是最不发达国家的援助力度，不断缩小南北发展差距。共建人类命运共同体，坚持对话协商，建设一个持久和平的世界；坚持共建共享，建设一个普遍安全的世界；坚持合作共赢，建设一个共同繁荣的世界；坚持交流互鉴，建设一个开放包容的世界；坚持绿色低碳，建设一个清洁美丽的世界。中国坚持走和平发展道路，并为全球治理体系变革贡献中国智慧、中国方案、中国力量。这不仅体现了大国责任和大国担当，也是中华文化的价值所在。

二、坚定马克思主义信仰

马克思主义是我们认识世界、改造世界的强大思想武器。马克思主义为我们提供了科学的思想方法，正确运用马克思主义，我们在观察事物时就能正确地提出问题、分析问题和解决问题。马克思主义作为我们立党立国的根本指导思想，是近代以来中国历史发展的必然结果，是中国人民长期探索的历史选择，也是由马克思主义严密的科学体系、鲜明的阶级立场和巨大的实践指导作用决定的。

（一）科学认识马克思主义

坚定马克思主义信仰，首先要科学认识马克思主义。科学认识马克思主义，最重要的是弄清楚什么是马克思主义。马克思主义有狭义和广义之分，广义的马克思主义不仅包括马克思、恩格斯所创立的理论，还包括后续继承者对马克思、恩格斯理论的发展，包括列宁主义和中国化的马克思主义；狭义的马克思主义指由马克思、恩格斯所创立的基本理论、基本观点和学说体系。科学认识马克思主义是站在广义的角度去分析发展马克思主义。此外，科学认识马克思主义还涉及如何认识马克思主义中国化时代化。马克思主义一经传入中国，便为中国的革命、建设、改革提供了强大的思想武器。一方面，马克思主义需要中国化时代化，因为"它所提供的只是总的指导原理，而这些原理的应用具体地说，在英国不同于法国，在法国不同于德国，在德国又不同于俄国"[①]。要想用马克思主义更好地指导中国实践，必须将马克思主义与中国的实际情况和时代特征相结合，不断中国化时代化。另一方面，实践证明马克思主义可以中国化时代化。这表现在马克思主义和中国文化二者的内在契合点和对接生长点上，马克思主义与中华优秀传统文化在关于社会理想、思维方式、价值追求等方面有着相似的价值取向。在社会理想方面，"天下为公"的大同理想与马克思主义共产主义社会的设想相似；在思维方式上，中华民族"阴阳之道"、一分为二的古代朴素辩证思维与马克思主义的辩证法不谋而合；在价值追求上，中华民族的"民本"思想与马克思主义唯物史观"人民群众是历史的创造者"的观点相一致……正是因为这些特点，才使马克思主义一经传入中国就为广大人民群众所接受并不断中国化时代化。随着马克思主义中国化时代化进程的推进，马克思主义已经成为中华文化不可或缺的一部分。新时代背景下坚定文化自信，就是要科学认识马克思主义，认清马克思主义的科学性、真理性，只有这样才能以更加坚定的步伐走好中国特色社会主义道路。

（二）加强马克思主义教育

新时代背景下，进行中国特色社会主义建设，需要不断加强马克思主义

---

① 《列宁选集》第 1 卷，人民出版社 2012 年版，第 274—275 页。

教育，从而在全社会提高凝聚力、形成向心力，坚定文化自信。加强马克思主义教育，第一，要坚持理论宣传。列宁认为"工人本来也不可能有社会民主主义的意识"[①]，所以这种意识要通过思想政治教育，加强对马克思主义理论的宣传。第二，要发挥各种宣传阵地的作用。工会、学校、媒体等渠道都要利用起来，工会、学校是理论宣传的重要阵地，理论工作者只有真懂真信真用，才能说服他人，所以要重视对理论工作者的思想教育和政治引导。在信息化时代，互联网在理论宣传中发挥着重要的作用，报纸、期刊等传统宣传工具也逐渐电子化，各种新兴的 App 也成为重要的宣传阵地，因此我们要加强网络监管，努力营造一个绿色健康的网络空间，发挥好线上理论宣传阵地的作用。第三，与时俱进采用合适方式。在互联网时代，信息更迭动态化、碎片化，这既为马克思主义理论的宣传教育提供了机遇，也带来了新的挑战。相较文字，视频、音频往往能给人带来更大的冲击，视觉文化的兴起要求理论工作者不断提升亲和力，用更加与时俱进的方式去推进马克思主义大众化。

（三）鉴别非主流意识形态

坚定马克思主义信仰，还需要科学鉴别各种非主流意识形态。对待非主流意识形态，第一，正确加以批判。对待非主流意识形态的态度，主要取决于非主流意识形态对主流意识形态的作用，若有利可以加以借鉴，若不利要坚决摒弃。针对与主流价值观相悖的非主流意识形态，我们要学会用马克思主义科学的方法去抨击、揭露其真实意图，而且对非主流价值观的批判不能只停留在理论上，还要结合实际情况进行分析。第二，主导之下的包容。坚持马克思主义的指导地位，并不代表对其他思想实行专制，而是要坚持包容的心态，借鉴非主流意识形态中可取的部分，但必须坚持马克思主义的主导地位。第三，坚持管理与交流并重。不管是批判还是接受非主流意识形态，都需要在驾驭非主流意识形态的基础上对其进行管理，并加强同非主流意识形态的对话交流，在交流中不断掌握非主流意识形态的实质，并对其走向进

---

① 《列宁全集》第 6 卷，人民出版社 2013 年版，第 29 页。

行预测和评估，未雨绸缪，防患于未然。

三、加快构建中国特色哲学社会科学

哲学社会科学是人们认识世界、改造世界的重要工具，是推动历史发展和社会进步的重要力量。习近平总书记在哲学社会科学工作座谈会上的讲话中指出："巩固马克思主义在意识形态领域的指导地位，培育和践行社会主义核心价值观，巩固全党全国各族人民团结奋斗的共同思想基础，迫切需要哲学社会科学更好发挥作用。"① 党的二十大报告提出："深入实施马克思主义理论研究和建设工程，加快构建中国特色哲学社会科学学科体系、学术体系、话语体系，培育壮大哲学社会科学人才队伍。"② 作为"推进文化自信自强，铸就社会主义文化新辉煌"③ 的重要内容，加快构建中国特色哲学社会科学，是新时代坚定文化自信的题中应有之义。

（一）坚持马克思主义的指导地位

哲学社会科学各学科，在根本上，就是观察和解释自然界、人类社会、人类思维的各种现象，揭示蕴含其中的特征、趋势和规律的科学和学科。④ 我们不难发现哲学社会科学的研究对象同马克思主义的研究对象是相似的。构建中国特色哲学社会科学，要坚持以马克思主义为指导，深化马克思主义理论研究和建设，避免马克思主义在哲学社会科学学科中"失语"、教材中"失踪"、论坛上"失声"。

①　习近平：《在哲学社会科学工作座谈会上的讲话》，人民出版社 2016 年版，第 6 页。
②　习近平：《高举中国特色社会主义伟大旗帜 为全面建设社会主义现代化国家而团结奋斗——在中国共产党第二十次全国代表大会上的报告》，人民出版社 2022 年版，第 43—44 页。
③　习近平：《高举中国特色社会主义伟大旗帜 为全面建设社会主义现代化国家而团结奋斗——在中国共产党第二十次全国代表大会上的报告》，人民出版社 2022 年版，第 42 页。
④　顾海良：《以马克思主义为指导，构建中国特色哲学社会科学》，《思想理论教育导刊》2016 年第 6 期。

第一，要"真懂真信真用"。以马克思主义为指导构建中国特色哲学社会科学需要哲学社会科学工作者真正理解马克思主义，因此要加强相关理论的宣传和教育，真正使马克思主义理论入哲学社会科学工作者的脑和心，使哲学社会科学工作者更加坚定自身的阶级立场，明确哲学社会科学要服务的对象。第二，推动马克思主义不断与时俱进，用马克思主义中国化时代化的最新理论成果指导实践。习近平总书记在哲学社会科学座谈会上提出"五个面对"：一是意识形态领域面对价值观念的变；二是经济领域面对进入新常态；三是全面深化改革面对攻坚期和深水区；四是思想文化领域面对世界范围内各种思想文化交流交融交锋；五是全面从严治党面对新阶段、新形势。在这样的背景下坚持马克思主义的指导地位，建设中国特色哲学社会科学，需要不断推动马克思主义与时俱进，不断丰富自身内容，从而更好地指导实践。第三，处理好马克思主义与各学科之间的关系。中国特色哲学社会科学包含内容和涉及范围比较广，马克思主义要发挥指导作用，需要具体问题具体分析，根据各学科知识体系和发展情况提供适当的方法论意义上的指导。

（二）突出中国特色、中国风格、中国气派

发展中国特色哲学社会科学，总的要求是按照立足中国、借鉴国外，挖掘历史、把握当代，关怀人类、面向未来的思路，体现继承性、民族性，原创性、时代性，系统性、专业性，努力构建全方位、全领域、全要素的哲学社会科学体系，在学科体系、学术体系、话语体系等方面体现中国特色、中国风格、中国气派。发展中国特色哲学社会科学需要突出以下三点。

一要体现继承性、民族性。"哲学社会科学的现实形态，是古往今来各种知识、观念、理论、方法等融通生成的结果。"[①] 所以构建中国特色哲学社会科学，不仅要着眼于当代，还要把握好以下三方面资源：一是马克思主义的资源；二是中华优秀传统文化的资源；三是国外哲学社会科学的资源。在构建中

---

① 习近平：《在哲学社会科学工作座谈会上的讲话》，人民出版社 2016 年版，第 16 页。

国特色哲学社会科学的过程中要坚持古为今用、洋为中用，合理继承、发展有利的因素，推陈出新，改革创新，不断推进知识创新、理论创新、方法创新。中国特色哲学社会科学的继承性，体现在从绵延几千年的中华优秀传统文化中汲取力量。习近平总书记曾说："站立在 960 万平方公里的广袤土地上，吸吮着中华民族漫长奋斗积累的文化养分，拥有 13 亿中国人民聚合的磅礴之力，我们走自己的路，具有无比广阔的舞台，具有无比深厚的历史底蕴，具有无比强大的前进定力，中国人民应该有这个信心，每一个中国人都应该有这个信心。"① 所以说，发展中国特色哲学社会科学需要以中华优秀传统文化为根基。中国特色哲学社会科学的民族性是要保留民族特色，但这并不意味着一味排斥其他国家和民族的文化、思想、学术研究成果，而是要在比较、对照、批判、吸收、升华的基础上，既立足本国实际，又开门搞研究，加强同世界其他文明之间的联系。正如习近平总书记所说："对人类创造的有益的理论观点和学术成果，我们应该吸收借鉴，但不能把一种理论观点和学术成果当成'唯一准则'，不能企图用一种模式来改造整个世界。"②

二要体现原创性、时代性。习近平总书记指出："我们的哲学社会科学有没有中国特色，归根到底要看有没有主体性、原创性。"③ 要体现原创性，就要坚持中国特色，不能跟在别人后面亦步亦趋，"依样画葫芦"不能解决中国的实际问题。所以我们要根据自己的实际情况，批判地接受自身的历史遗产和国外思想，并在实践中进行完善，从而构建具有自身特质的学科体系、学术体系、话语体系，这样中国特色哲学社会科学才能形成自己的特色和优势。时代性要求中国特色哲学社会科学要不断更新知识体系，与时俱进。伴随着社会的发展，新问题新情况层出不穷，老方法、老经验已经不适应变化发展的实际，若理论不及时更新，就会成为社会发展的桎梏，只有与时俱进，才能使中国特色哲学社会科学永葆生机与活力。

---

① 习近平：《在哲学社会科学工作座谈会上的讲话》，人民出版社 2016 年版，第 16—17 页。

② 习近平：《在哲学社会科学工作座谈会上的讲话》，人民出版社 2016 年版，第 18 页。

③ 习近平：《在哲学社会科学工作座谈会上的讲话》，人民出版社 2016 年版，第 19 页。

三要体现系统性、专业性。"中国特色哲学社会科学应该涵盖历史、经济、政治、文化、社会、生态、军事、党建等各领域，囊括传统学科、新兴学科、前沿学科、交叉学科、冷门学科等诸多学科，不断推进学科体系、学术体系、话语体系建设和创新，努力构建一个全方位、全领域、全要素的哲学社会科学体系。"① 虽然现在我国哲学社会科学学科体系已基本确立，但在一些学科设置上还存在一些问题，如：同社会发展联系不够紧密，学科体系不够健全，新兴学科、交叉学科建设比较薄弱，等等。所以之后要补短板、强弱项，推进学科体系建设工作扎实稳步前进。构建中国特色哲学社会科学不仅是一个系统工程，也是一项专业化要求非常高的任务，这就要求哲学社会科学工作者不断提升自身水平，增强理论联系实际的能力，不断在实践中总结经验，丰富知识体系。

（三）以现实问题为导向丰富发展理论

习近平总书记指出："理论思维的起点决定着理论创新的结果。理论创新只能从问题开始。"② 也就是说，建设中国特色哲学社会科学需要以国际、国内社会问题为导向，发现问题、筛选问题、研究问题、解决问题，只有这样才能更好地用实践丰富理论，用理论指导实践。以问题为导向，首先要求哲学社会科学工作者以人民群众最为关心的问题为首要，以新的社会实践中产生的新的问题为导向。人民群众是历史的创造者，是国家的主人，对人民群众最关心的问题进行研究，要坚持"重点论"和"两点论"的统一，抓重点、难点，但同时也要兼顾"小问题"，防微杜渐，提高预防和化解风险的能力和水平。其次，坚持以问题为导向需要提升哲学社会科学工作者的能力和水平，转变单打独斗的研究方式。中国特色哲学社会科学不仅要专业化、专题化，还应以问题为导向，综合各学科知识，对问题进行多角度、多层次、跨学科、有系统、较全面的研究，从而深化对问题的认识，提出

---

① 习近平：《在哲学社会科学工作座谈会上的讲话》，人民出版社 2016 年版，第 22 页。

② 习近平：《在哲学社会科学工作座谈会上的讲话》，人民出版社 2016 年版，第 20 页。

行之有效的解决策略。此外，在全球化背景下坚持以问题为导向，要求我国哲学社会科学工作者，不仅要立足实践，研究关系国计民生的重大课题，更要有全球视野，把握世界大势，关心和研究人类面临的共同问题，统筹好国内国际两个大局，为解决人类所面临的共同问题贡献中国智慧、中国方案，体现大国的国际担当。

第 五 章

发展社会主义先进文化，弘扬革命文化，传承中华优秀传统文化

党的二十大报告指出，推进文化自信自强，铸就社会主义文化新辉煌，要"以社会主义核心价值观为引领，发展社会主义先进文化，弘扬革命文化，传承中华优秀传统文化，满足人民日益增长的精神文化需求，巩固全党全国各族人民团结奋斗的共同思想基础，不断提升国家文化软实力和中华文化影响力"①。立足新时代，我们要在激扬信仰力量、凝聚价值共识、淬炼思想自觉中不断厚植社会主义文化强国的深厚底蕴，使之始终成为促进党和人民建设社会主义文化强国的强大精神力量。

一、发展社会主义先进文化

社会主义先进文化是中国共产党在领导中国社会主义建设事业的伟大实践中形成的，是中国共产党思想上的旗帜。发展面向现代化、面向世界、面向未来的，民族的科学的大众的社会主义文化，激发全民族文化创新创造活力，增强人民的精神力量，有助于推动全面建设社会主义现代化国家、推进中华民族伟大复兴。

（一）社会主义先进文化的内涵

社会主义先进文化，是"以马克思主义为指导，以培养有理想、有道德、有文化、有纪律的四有公民为目标的面向现代化、面向世界、面向未来的，民族的科学的大众的社会主义文化"②。中国特色社会主义共同理想和共产主义远大理想、马克思主义中国化时代化的制度和理论成果、社会主义核心价值

---

① 习近平：《高举中国特色社会主义伟大旗帜 为全面建设社会主义现代化国家而团结奋斗——在中国共产党第二十次全国代表大会上的报告》，人民出版社 2022 年版，第 43 页。

② 魏则胜：《论社会主义先进文化的历史属性和时代特征》，《贵州省委党校学报》2018 年第 6 期。

观、以爱国主义为核心的民族精神和以改革创新为核心的时代精神等，共同熔铸了社会主义先进文化。

坚持马克思主义的指导地位，是社会主义先进文化的首要之义。马克思主义是共产党人的"真经"，是社会主义事业的"北斗"，是中国特色社会主义文化发展的"指针"。马克思主义是科学的理论，占据着真理和道义的制高点，依旧有着蓬勃旺盛的生命力。可以说，没有马克思主义就没有今天飞速发展的中国，正是拥有了如此强大锐利的思想武器，共产党人才能无数次劈波斩浪，跨越一个个历史关口，克服一次次艰难险阻，始终行进在正确的道路上。马克思主义就是中国特色社会主义不用言说的意识形态标识，中国共产党将其奉为行动指南，这一地位在任何情境下都不可动摇。如今，在一个高度开放的全球社会体系中，各种文化交锋在所难免，中国在新形势下需要面对的挑战比起以往有增无减，不仅有各种社会思潮对主流文化的冲击，还有意识形态领域的激烈抢夺与入侵。在这种复杂局面下，我们对于社会主义先进文化的宣传更应当坚持马克思主义立场，在理论阵地上寸步不让。

"四有"目标是对于公民培养层面的具体要求。首先，只有在坚定抱有马克思主义、共产主义理想信仰前提下，才能使公民对未来共产主义社会所能达到的美好前景有着发自内心的相信。在最高理想激励下，公民得以切实在行动中贯彻为共产主义奋斗终身的信念。其次，道德是对公民良好品格的要求，是对真善美的倡导。与法律坚守底线正义相比，道德更偏向于追求崇高人格，对于公民道德的推崇可以使人们在规范和准则的安全范围内行动，使整个社会关系走上和谐有序的轨道。再次，文化对公民的发展提出了更高要求，科学文化是帮助人们跳脱愚昧庸俗的助推器。公民只有在科学文化的熏陶下才能拥有健全的人格、开阔的视野、高效的行动力，科学文化就是帮助人们发现自我、认识和改造世界的思想武器。最后，纪律是公民自觉遵守国家法纪。公民要有一种强烈的约束意识，尊重法律的不可撼动性，始终在法律的限度内行事，并能以自身行为来捍卫它。

"三个面向"阐释的是社会主义先进文化的发展视野。"面向现代化"就是将社会主义先进文化建设融入现代化进程中，搭上现代化前进的顺风车。

现代化的发展开启了人们日新月异的美好生活新篇章，使社会生产力水平大幅度提高，物质资料日渐丰富，人们有了更高层次的价值追求。经济基础是上层建筑的支撑，只有不断面向现代化，通过现代化的助力开阔视野，才能建设社会主义先进文化。"面向世界"是指社会主义先进文化必须在世界范围内与其他文化加强交流、互相促进。先进文化的发展需要借鉴吸收其他优秀文化、取长补短，同时也要面对世界文化之间的互相竞争，打造自己文化的核心竞争力。"面向未来"说明社会主义先进文化的着眼点是基于长远发展趋势的考虑，需要选择一种更能支撑社会主义先进文化走得长久的模式，预测将会面临的挑战，永远保持警惕的发展目光。

"民族的科学的大众的"是社会主义先进文化的奋进方向。民族性是文化割舍不了的精神命脉，只有基于民族的凝聚力来把握根本，才能走上社会主义先进文化的独特发展道路。同时也要以科学态度与方法来推动社会主义先进文化的创新，要选择性地剔除固有文化中影响前进步伐的弊端，将优良之处加以发扬与创造性转化。更要以人民群众为社会主义先进文化的主要服务对象，用大众喜闻乐见的方式取得最广泛的群众根基。

（二）牢牢把握社会主义先进文化的发展方向

党的二十大报告指出，"十年前，我们面对的形势是，改革开放和社会主义现代化建设取得巨大成就，党的建设新的伟大工程取得显著成效，为我们继续前进奠定了坚实基础、创造了良好条件、提供了重要保障，同时一系列长期积累及新出现的突出矛盾和问题亟待解决……一些人对中国特色社会主义政治制度自信不足……拜金主义、享乐主义、极端个人主义和历史虚无主义等错误思潮不时出现，网络舆论乱象丛生，严重影响人们思想和社会舆论环境"[①]。这些突出问题迫切要求加强社会主义文化建设，增强文化自信，以凝聚中华民族的精神力量，实现中华民族伟大复兴。正如习近平总书记在文艺

---

① 习近平：《高举中国特色社会主义伟大旗帜 为全面建设社会主义现代化国家而团结奋斗——在中国共产党第二十次全国代表大会上的报告》，人民出版社 2022 年版，第 5 页。

工作座谈会上所强调的："一个民族的复兴需要强大的物质力量，也需要强大的精神力量。没有先进文化的积极引领，没有人民精神世界的极大丰富，没有民族精神力量的不断增强，一个国家、一个民族不可能屹立于世界民族之林。"[①] "当高楼大厦在我国大地上遍地林立时，中华民族精神的大厦也应该巍然耸立。"[②]

首先，发展民族的社会主义先进文化。民族的凝聚力向心力拥有着不可估量的正面影响力。正是独特的民族文化才使得我们的国家有着自成一脉的文化积淀，成为每一个中华儿女文化自信的源泉。这种具有强烈标识的民族特色，是在一代又一代的先辈的实践探索中不断沉淀的，在中国这片广袤的土地上，一段段历史精彩纷呈，不断书写着中华民族的故事。经过时间河流的淘洗，以及后辈的传承与创新，民族特色文化早已融入了我们的血脉中。近代以来，无数大国相继崛起，世界舞台热闹非凡，许多国家都想要追逐舞台的中心位置，各具特色的民族文化为其在世界竞争中的出彩表现蓄力助推。随着科技经济的发展和新媒介带来的颠覆，各国文化也日益谋求输出的可能性，在这种情形下难免会出现不同民族文化的碰撞冲击。只有加大对民族特色文化的挖掘，牢牢把握住民族文化的立场，才能更好地屹立于世界民族之林。

其次，发展科学的社会主义先进文化。社会文化也有先进与落后之分，当一种社会文化不再能适应当前时代的发展水平、缺乏创新能力时，它就会阻碍社会进步的进程，应当加以剔除，并以积极创新的文化来代替它。科学的社会文化能够在发展面临新困境、新问题时发挥应有的指导作用，作为一种精神武装来因地制宜地发挥先导作用。它提供的并不是具体的方法，而更多的是一种科学世界观，能够始终带领人民走过风雨浪涛。在面对传统文化时，要学会科学地继承与发扬，对于传统文化中有价值的部分加以继承，使其在新的时代重现生机，才不失为一种科学的态度。中华文化的古今接替，

---

① 习近平：《在文艺工作座谈会上的讲话》，人民出版社 2015 年版，第 5 页。
② 习近平：《在文艺工作座谈会上的讲话》，人民出版社 2015 年版，第 6 页。

在不同的历史阶段、时代背景下主导着中华文明发展，并能够让"古"在"今"中得以传承发扬。

最后，发展人民的社会主义先进文化。马克思、恩格斯对于未来理想社会的设想基于以人为本的核心理念，实现人自由而全面的发展是无数代先贤甘愿为之挥洒热血的美好蓝图。社会主义先进文化必须始终坚持为人民服务这一本质特征，始终坚持人民群众是社会主义先进文化的主要服务对象。搭乘着我国经济增长的顺风车，见证了我国日益走近世界舞台中央，并将个人发展融汇于时代发展中的人民群众，对于美好生活的需要也日益提升。在新的时代背景下，我们更要充分为人的全面发展、人的现代化提供助力，要将人民群众变化的需求作为社会主义先进文化建设的突破口。以文化服务人民的同时也要积极调动人民参与到社会主义先进文化的建设中，发挥人民群众的主动性与创造性，使文化成果由全民共建共享。

（三）坚持创新驱动发展社会主义先进文化

中华民族一直是一个善于海纳百川、集众家之所长的民族，我们的民族文化之所以能几千年绵延，很大程度上在于其拥有一种持续发展、持续创新的能力。不仅要从博大精深的文化遗产中积蓄力量，而且要跟上新的时代发展的步伐，才是对我们现阶段社会主义先进文化的最大呼唤。党的十八大以来，我国积极发展社会主义先进文化，强化文化建设培根铸魂的时代使命，推动文化创新发展成为习近平新时代中国特色社会主义思想要解决和回答的重大课题之一：在思想上，以习近平同志为核心的党中央反复强调要发挥文化的价值引领和精神动力作用，以最深层次的认同、最根本的自信等定位文化认同、文化自信，不断强调文化是民族生存和发展的重要力量。在顶层战略设计方面，党的十八大报告把文化建设放在"五位一体"总体布局中推进，提出"扎实推进社会主义文化强国建设"①，对文化强国建设作出了

---

① 《十八大以来重要文献选编》（上），中央文献出版社 2014 年版，第 24 页。

战略规划；党的十八届三中全会以"推进文化体制机制创新"①为着力点，全面深化文化领域的改革；党的十九大报告提出在 2035 年基本实现社会主义现代化，首次明确了建设社会主义文化强国的具体时间表；党的十九届四中全会就坚持完善和繁荣发展社会主义先进文化的制度作出了新的规定；党的十九届五中全会站在党和国家事业发展全局高度，明确提出到 2035 年建成文化强国；党的二十大报告强调推进文化自信自强，铸就社会主义文化新辉煌。

先进文化的先进性在于它具备核心的原始创新能力。从国家层面看，我国文化原创力主要包括理念创新、内容形式创新、体制机制创新、传播手段创新等方面内容。进一步讲，文化创新，需结合所在时代的特定背景及社会情况，是将优秀文化践行于这一时期的社会实践中，以实践过程为文化创新过程，形成全新的、具有精神引领价值的文化。在新时代发展背景下，我们要主动创新契合这一时期社会变化的文化内容，将这些文化内容融入社会发展中，为社会活动提供支持，进一步为文化创新提供源源不断的内驱力。现代社会背景下，互联网技术、大数据技术、物联网技术是支持社会发展的重要基础，要将这些技术与中国特色社会主义文化融合，进一步拓展文化创新形式、文化传播路径，丰富文化成果的体现形式。通过文化与科学技术融合，让中华优秀传统文化、中华宝贵民族精神、中国特色社会主义文化"活"起来。

二、弘扬革命文化

中国共产党革命文化既以马克思列宁主义革命理论为基石，又以中华优秀传统文化为底蕴，集共产主义的崇高理想、以人为本的价值观念、实事求是的思想路线、不畏牺牲的革命精神于一体，具有坚实的理论基础和深厚的历史本源。中国共产党革命文化生成于特定的历史环境，其红色基因生生不息、历久弥新，在革命、建设和改革过程中发挥了强大的思想引领和精神导

---

① 《中共十八届三中全会在京举行》，《人民日报》2013 年 11 月 13 日，第 1 版。

向作用，是新时代提升文化软实力、增强社会凝聚力的宝贵历史资源。

（一）革命文化的内涵

革命文化是中国共产党领导人民在新民主主义革命和社会主义革命时期创造形成的实践、理论和制度诸方面的优良传统以及包括红船精神、井冈山精神、长征精神、延安精神、抗战精神、西柏坡精神等在内的丰富多彩的精神作风。① 诞生于烽火连天革命年代的革命文化，以马克思主义为指导，以革命精神为内核，坚持以人民为中心的价值取向，体现了先进的科学理论、崇高的理想信念、不屈的革命意志、无私的为民情怀、艰苦奋斗的优良传统等丰富的内涵。作为中国共产党人用鲜血和生命铸就的精神丰碑，革命文化不仅为中国共产党带领人民群众推翻"三座大山"提供了强大的精神力量，更以其独特的价值追求彰显了共产党人的精神境界、丰富了中华民族的精神宝库。

中国共产党的革命文化，具有鲜明的精神特质，具有以下四个特点。一是革命性。在中国新民主主义革命时期，以毛泽东同志为主要代表的中国共产党人，以高度的理论自觉、实践自觉和历史自觉，使马克思主义在中国大地落地生根，作为马克思主义中国化时代化的第一个理论成果，毛泽东思想的形成与发展，极大地丰富和发展了马克思主义理论。革命性是中国新民主主义斗争实践的题中应有之义，革命文化是中国新民主主义革命斗争的反映。二是民族性。毛泽东在延安窑洞里对马克思主义展开系统研究的直接动因，是避免错误思想危害党的事业。他在中共六届六中全会上强调，使马克思主义在中国具体化，使之在其每一表现中带着必须有的中国的特性，即是说，按照中国的特点去应用它，成为全党亟待了解并亟须解决的问题。毛泽东的理论创新，从来都是依据马克思主义的思想方法，但从来都不是马克思主义"本本"上的现成词句，永远都体现出最贴近中国现实的民族风格，中国的革命文化由此打上了鲜明的民族烙印。三是大众性。马克思、恩格斯在《共产

---

① 颜旭：《新时代中国共产党文化观》，人民日报出版社 2021 年版，第 144 页。

党宣言》中郑重宣告："过去的一切运动都是少数人的，或者为少数人谋利益的运动。无产阶级的运动是绝大多数人的，为绝大多数人谋利益的运动。"① 以毛泽东同志为主要代表的中国共产党人，深谙历史唯物主义的精髓，创造性地提出了党的群众路线，使之成为中国革命胜利的重要法宝。中国革命先进分子们毅然投身为绝大多数人谋利益的无产阶级运动，这让中国的劳苦大众，看到了中国革命的希望，也感受到了榜样的力量，革命文化便有了大众性。四是时代性。每个时代都有自己的文化要求和文化特色，所有的文化都是在具体的时代背景下被创造出来的，有鲜明的时代烙印。革命文化是中国共产党人初心和使命的集中体现，彰显着中国共产党的性质和宗旨，展现着中国共产党人的精神风貌和崇高品格，是党和国家的宝贵财富，无论时代发展到哪一步都不会过时。

革命文化彰显了中国共产党人无限忠诚的优秀品质。在革命战争年代，中国共产党人时刻经历着抛头颅、洒热血的生死考验，他们视死如归、坚贞不屈，体现了对党、国家和共产主义事业的无限忠诚。革命文化体现了中国共产党人勇于担当的鲜明品格。在"三座大山"压迫下的旧中国，战乱频仍，中国共产党人发动工农运动，自觉担负起了民族解放的重任。革命文化展现了中国共产党人不怕牺牲的非凡品质。中国共产党诞生在国家危难之时，一开始就面对着强大的敌人、恶劣的环境和异常艰苦的物质条件。在这种极端困难的情况下，正是靠着英勇顽强、不怕牺牲的精神品质，中国共产党人才夺取了革命的最终胜利。一段中国共产党领导人民推翻"三座大山"的历史，就是一段艰苦卓绝、百折不挠的斗争史。

（二）坚持整合革命文化资源

革命旧址、文物、文学作品等历史文化资源是革命文化的重要载体，是党和人民进行革命斗争的历史见证。要善于发掘利用历史文化资源，综合运用各种方式整合革命文化资源，补充完善历史资料，丰富革命文化资源库，

---

① 《马克思恩格斯文集》第 2 卷，人民出版社 2009 年版，第 42 页。

增强革命文化传播效果。

一方面，要在发挥革命文艺作用上下功夫。近代以来，中国人民争取民族独立、人民解放的浴血斗争，中国共产党领导人民进行革命、建设、改革的伟大历程，为革命文艺的形成发展提供了前提和基础。文艺工作者创作了一大批宣传、动员革命运动和鼓舞革命斗志的文艺作品，人民群众也创作了大量民间艺术作品，这些作品记录了中国人民的伟大实践，体现了中国人民的审美追求，培育了共同的民族情感和价值观念，为中华民族伟大复兴提供了强大的精神力量。我们要高度重视和充分发挥革命文艺的重要作用，依托文艺作品使英雄人物和革命故事可视化，比如，通过革命历史题材的电影、歌曲、舞台剧等方式，将红色记忆更加立体地展现在大众视野之中。通过优秀的文艺作品引导人民树立和坚持正确的历史观、民族观、国家观、文化观，鼓舞全国各族人民朝气蓬勃地投身于全面建成社会主义现代化强国的宏伟事业。要特别注重时代元素和互联网技术的应用，以人民群众喜闻乐见的方式弘扬革命精神，做到主次分明、重点突出，以吸引更多的人深入了解革命文化。

另一方面，要在发挥革命文物作用上下功夫。革命文物是中国革命事业的具象表征。从北大红楼旧址、党的一大会址、南湖红船到井冈山、延安、西柏坡，从江西于都中央红军长征集结出发地到鄂豫皖苏区烈士陵园，全国有 3.6 万余处不可移动革命文物，超百万件（套）国有馆藏革命文物。这些革命文物，是革命文化的重要载体和有机组成部分，是中国共产党团结带领中国人民进行百年奋斗的重要历史见证，展现了中国共产党人的梦想和追求、情怀和担当、牺牲和奉献，具有恒久的生命力。革命文物承载着革命历史和革命精神，是革命文化的生动教材。要进一步发掘革命文物的时代价值，加强对革命博物馆、纪念馆等革命文化资源的保护利用，充分挖掘书信、照片、图书、影像资料等革命文物背后的历史和故事，让革命文物在新时代焕发勃勃生机。与此同时，要结合现代科学技术手段，让革命文物在新时代"活"起来。例如，在革命博物馆、纪念馆中运用 VR 技术，让广大人民群众更加直观地感受革命战争年代的艰辛与壮烈，提升对革命文化的共情力。

（三）坚持传承和弘扬革命文化

"唯有精神上站得住、站得稳，一个民族才能在历史洪流中屹立不倒、挺立潮头。"[①] 革命精神的消解将导致我们党执政地位的动摇和政治制度的颠覆。因此，发扬革命精神是新时代传承和弘扬革命文化的必然选择。

一方面，要在深入理解革命精神上下功夫。革命精神承载着革命理想，是中国共产党人政治品格、优良传统和革命风范的高度概括，是革命文化的基本要素和经典标志，彰显着中国共产党人和革命群众的独特思想品质与精神风貌，是我们党的宝贵精神财富。革命精神之所以能够穿越时空、历久弥新，一个重要原因是它具有鲜明的导向功能、激励功能、辐射功能和教化功能，能够起到树立形象、凝聚党心、召唤民众的作用。革命精神是在伟大斗争实践中形成的，在不同时期发挥不同作用，这要求我们必须在深入理解革命精神上下功夫，从党的理想信念、根本宗旨、优良作风等方面入手，做到深学、细研、悟透。同时，深入理解革命精神必须紧密结合新的斗争实际，切实把握好时代特点和要求。经过全党全国各族人民持续奋斗，我们实现了第一个百年奋斗目标，在中华大地上全面建成了小康社会，历史性地解决了绝对贫困问题，正在意气风发向着全面建成社会主义现代化强国的第二个百年奋斗目标迈进。同时也应该看到，世界百年未有之大变局加速演进，中华民族伟大复兴进入关键时期，战略机遇和风险挑战并存，面对复杂多变的国际形势和国内艰巨的改革发展任务，想要创造让世界刮目相看的新的更大奇迹，需要革命精神提供重要支撑。

另一方面，要在大力宣传革命文化上下功夫。坚持正面宣传为主是实现革命文化与时代协同发展的重要保证。坚持党的全面领导，掌握新媒体的传播规律和手段，不断巩固革命文化在中国特色社会主义先进文化中的地位和作用。党员干部应争做革命文化宣传的带头人，切实提高新技术手段的运用能力，在微博、微信、短视频等平台建立革命文化宣传阵地，引导人民群众了解革命文化历史、感受革命文化气息，进而抵御不良文化的侵袭。在进行

[①] 习近平：《论中国共产党历史》，中央文献出版社 2021 年版，第 41 页。

革命文化宣传时，要善于观察人民群众的关注点和兴趣点，充分挖掘革命文化与人民群众日常生活的契合点，增强革命文化感召力和亲和力，拉近革命文化与人民群众之间的距离，使人民群众更加真切地感受到革命文化的力量。

三、传承中华优秀传统文化

党的十八大以来，习近平总书记围绕继承和弘扬中华优秀传统文化发表了一系列重要讲话。著名学者、哲学史家陈来先生在《二十世纪思想史研究中的创造性转化》一文中总结习近平总书记重要讲话精神，提出了"两有""两相""两创"的观点："两有"即对古代的文化要有区别地对待、有扬弃地继承；"两相"即中华优秀文化必须与当代文化相适应、与现代社会相协调；"两创"即对中华优秀传统文化要实现创造性转化、创新性发展。[①] 可以说"两有""两相"是"两创"（也叫"双创"）的前提和基础，而"两创"是"两有""两相"的目的和归宿。所以，推动传统文化与现代社会相融相通是"两创"必须处理好的问题。

（一）有区别地对待、有扬弃地继承

第一，有区别地对待传统文化。历来对待传统文化的态度主要有三种：第一种是主张全盘西化；第二种是提倡完全保留；第三种是主张用马克思主义辩证思维方式对待传统文化。历史和现实告诉我们，第三种才是正确的做法。因为传统文化主要是在封建社会中形成和发展起来的，其内容十分庞杂并且良莠不齐，我们既不能全部否定也不能完全继承，而是要有区分地对待传统文化，也就是说要在鉴别的基础上进行扬弃，在扬弃的过程中继承发展，而其中鉴别是关键。那我们应该如何正确鉴别传统文化呢？首先，要了解传统文化的真实内涵，切不可断章取义，曲解了传统文化本来的意思，将应该保

---

① 陈来:《二十世纪思想史研究中的创造性转化》，《中国哲学史》2016 年第 4 期。

留的精华当作糟粕丢掉。其次，我们要在了解传统文化的基础上进行鉴别，物质文化需要鉴别，非物质文化也需要鉴别，只是两者的方式不同。对物质文化的鉴别主要通过技术，而对非物质文化的鉴别，如传统思想的鉴别则需要人们根据时代价值标准、审美标准等进行判断。最后，明确鉴别标准。优秀的传统文化必须满足以下三个条件："首先，它应该承认人性存在客观性与合理性，肯定人寻求世俗幸福的权利和意义；其次，还应该肯定人的主体地位、生存尊严，提高人的生存价值意义；最后，它还应该把对人的各方面的关切落实为对民族国家的社会关怀，并上升为对全人类生存与发展的关怀。"①

第二，有扬弃地继承传统文化。经济基础决定上层建筑，传统文化是在特定历史条件下的产物，但随着时代的变迁，传统文化形成和发展的土壤也在逐渐流失，传统文化的继承和发扬迫在眉睫。但"继承和弘扬传统文化，促使传统文化实现现代化，其间有一个从传统向现代对接移植的过程，在这个过程中应当鉴别分析、区别对待、准确对接、合理移植，确保传统文化在现代社会的土壤中茁壮成长"②。那我们应该如何做好传统与现代之间的对接呢？首先，我们要根据实际需要，将传统文化中错误的思想摒弃，保留与时代契合的精华。其次，从现代社会的角度讲，必须在变迁中继续保持文化认同。也就是说，传统文化是现代文化发展的根基，脱离传统文化就没有办法推进文化事业和文化产业的发展进步。所以，现代社会也要尝试理解传统文化形成的原因、背景，理解其"存在的合理性"，从而促使传统文化与现代社会的对接。

（二）与当代文化相适应、与现代社会相协调

2013年，习近平总书记在中共中央政治局第十二次集体学习时指出："在5000多年文明发展进程中，中华民族创造了博大精深的灿烂文化，要使中华

---

① 董成雄：《中国优秀传统文化的系统解读和传承建构》，华侨大学2016年博士学位论文，第107页。

② 姜喜任：《论习近平关于继承和弘扬传统文化的三个方针》，《思想政治教育研究》2018年第6期。

民族最基本的文化基因与当代文化相适应、与现代社会相协调，以人们喜闻乐见、具有广泛参与性的方式推广开来，把跨越时空、超越国度、富有永恒魅力、具有当代价值的文化精神弘扬起来，把继承传统优秀文化又弘扬时代精神、立足本国又面向世界的当代中国文化创新成果传播出去。"①

第一，推动传统文化与当代文化相适应。当代文化和传统文化有很多相似之处，如两者都是民族凝聚力和创造力的重要源泉。但由于当代文化与传统文化形成的背景不同，两者也有很多不同的特点。其一，随着经济全球化趋势的发展，文化成为综合国力竞争的重要因素；其二，文化对经济社会发展的作用越来越突出；其三，精神文化需求越来越高。不仅如此，当代文化发展还表现出一些新趋势，如：全球化趋势、经济化趋势、网络化趋势等。传统文化要与当代文化相适应，就要不断做出调整。首先，科学鉴别当代文化，加强同主流价值观念的融合。当代文化有很多流派，有些当代文化虽然受欢迎，但并不一定经得起实践的考验。所以，需要在科学鉴别当代文化的基础上加强传统文化与当代的融合。对当代文化的鉴别可以遵循以下三条原则：其一，当代文化必须与主流价值观相一致；其二，当代文化必须为社会主义现代化建设服务；其三，当代文化必须反映人民群众的真实诉求。其次，要积极采用现代化的表达方式。传统文化更多停留在古籍、古建筑中，但在互联网时代，随着视觉文化的兴起，人们更喜欢用视频、H5、VR 等形式更逼真、更立体地去了解一个事物。所以，我们要积极推动传统文化表现形式的现代化。最后，加强网络监管。传统文化与当代文化的融合离不开互联网这一媒介，互联网为传统文化创新传播方式提供了平台，但也使错误思潮有了可乘之机，历史虚无主义等社会思潮纷至沓来，要加强网络监管，构建绿色、健康、安全的网络空间，积极促进传统文化与当代文化相适应。

第二，推动传统文化与现代社会相协调。传统文化对现代社会的发展具有重要的价值，不仅有利于凝聚民族精神、重塑民族意志，为社会主义现代化提供有力的思想保障，加快马克思主义中国化的进程，还对化解人类面临

---

① 《建设社会主义文化强国 着力提高国家文化软实力》，《人民日报》2014 年 1 月 1 日，第 1 版。

的矛盾、冲突及个人面临的种种困惑提供有益的帮助。因此，我们要不断推动传统文化与现代社会相协调，充分发挥传统文化对现代社会发展的推动作用。首先，密切关注社会现实，推动国家治理体系和治理能力现代化。传统文化虽根植于中国社会，但只有密切关注现实，不断与时俱进，才能实现与现代社会的融合，不被时代淘汰。全面深化改革的总目标是完善和发展中国特色社会主义制度，推进国家治理体系和治理能力现代化。现在全面深化改革进入攻坚期、深水区，越是在这个时候，我们越要迎难而上，敢于啃硬骨头、敢于涉险滩。在全面深化改革的过程中，除了坚持马克思主义的指导，我们也要学会从中华优秀传统文化中汲取营养，中华优秀传统文化是在中华大地上"土生土长"而形成的，只有学习才能理解什么是"差序格局"，才能理解什么是"乡土情结"，才能理解什么是"位卑未敢忘忧国"，才能真正了解一个"有血有肉"的中国，才能真正实现国家治理体系和治理能力的现代化。其次，发展中国特色社会主义道德，推进依法治国和以德治国的有机结合。坚持依法治国和以德治国有机结合是走中国特色社会主义法治道路的内在要求。法治是治国理政的基本方式，依法治国是基本方略。德治是治国理政的重要方式，以德治国就是通过在全社会培育、弘扬社会主义核心价值观和社会主义道德，对不同人群提出有针对性的道德要求。而且德治和法治具有相互促进的作用，道德支撑法治并滋养法治，法治社会的建设离不开中华优秀传统文化、中国特色社会主义道德的滋养。同样，将道德要求贯彻到法治建设中，不仅有利于法治国家的建设，也赋予道德新的社会功能，增强其生命力。最后，加强同其他国家的文化交流，美美与共。中华优秀传统文化与现代社会相适应，不仅要立足于国内，与中国的实际情况相结合，还需要加强同世界各国的联系，尊重各国文化的多样性，积极推动文化交流，在交流中促进自身发展。

（三）实现创造性转化、创新性发展

习近平总书记深刻指出："要认真汲取中华优秀传统文化的思想精华和道德精髓，大力弘扬以爱国主义为核心的民族精神和以改革创新为核心的时代

精神，深入挖掘和阐发中华优秀传统文化讲仁爱、重民本、守诚信、崇正义、尚和合、求大同的时代价值，使中华优秀传统文化成为涵养社会主义核心价值观的重要源泉。要处理好继承和创造性发展的关系，重点做好创造性转化和创新性发展。"[1] 做好"创造性转化和创新性发展"，继承是基础，转化是方向，创新是目的。

第一，比较、借鉴人类优秀文明成果。文化比较可以让我们更清楚地看到中华传统文化的优点和缺点。首先，世界各个民族文化存在差异性，只有将中华民族的优秀文化置身于多样性的世界文化中进行比较才能择优驱劣，所以我们必须秉持开放的心态面对世界各国文化。而且文化比较的过程也是文化创造的过程，在比较的过程中，我们会自觉将本民族文化同其他民族文化进行有机结合，从而进行文化创造。"我们不仅要了解中国的历史文化，还要睁眼看世界，了解世界上不同民族的历史文化，去其糟粕，取其精华，从中获得启发，为我所用。"[2] 其次，文化借鉴是指借鉴者根据自己的需要对文化素材进行选择、加工、整合的行为。文化借鉴并不是简单地照搬照抄。相对落后的民族或地区借鉴相对发达民族或地区文化中的优秀元素时，往往会出现以下 6 种不同的结果，即：替代（新文化替代原有文化）、附加（新文化融入原有文化）、整合（新文化与原有文化融合并形成新的体系）、创新（产生更新的文化）、丧失（失去自己的文化）、抗拒（不接受新文化）。文化发展过程中，采用不同的方法和态度，就会出现不同的结果。不管是文化比较还是文化借鉴，我们都要秉持开放的态度，因为"中华民族是一个兼容并蓄、海纳百川的民族，在漫长历史进程中，不断学习他人的好东西，把他人的好东西化成我们自己的东西，这才形成我们的民族特色"[3]。

---

① 习近平：《在主持中央政治局第十三次集体学习时的讲话》，《人民日报》2014 年 2 月 16 日，第 1 版。

② 习近平：《在中央党校建校 80 周年庆祝大会暨 2013 年春季学期开学典礼上的讲话》，《人民日报》2013 年 3 月 3 日，第 1 版。

③ 习近平：《在省部级主要领导干部学习贯彻十八届三中全会精神全面深化改革专题研讨班开班仪式上的讲话》，《人民日报》2014 年 2 月 17 日，第 1 版。

第二，大力发展文化事业和文化产业，促进中华优秀传统文化的现代转化。首先，发展文化事业和文化产业，要体现社会主义的制度特色。中国共产党的宗旨是全心全意为人民服务，发展文化事业，要坚持政府主导，按照公益性、基本性、均等性、便利性的要求，加强文化基础设施建设，完善公共文化服务网络，让人民群众广泛享有免费或优惠的基本公共文化服务，在满足人民群众基本文化需求的基础上，提升国民素质。文化产业同样要为社会主义服务，各类文化所传播的价值观需要与主流价值观相一致，多创造一些"既叫好，又叫座"的文化产品。近几年，文化事业的发展有很多成功的案例，如《朗读者》《上新了·故宫》《中国诗词大会》等综艺节目，又如《舌尖上的中国》等纪录片，这些文化产品都在用自己特有的方式传递着中华优秀传统文化的魅力，也表达着对现代社会的思考。其次，发展文化事业和文化产业要充分利用网络空间。随着互联网的发展，文化的传播和表现形式日渐多样，短视频、动漫等已经成为重要的文化传播方式，抖音、微信、微博、哔哩哔哩已经成为重要的文化传播平台，互联网以其互联互通、快捷、碎片化等特点，改变了以往的文化传播方式。新时代背景下，对文化进行"双创"，必须重视互联网的作用。最后，发展文化事业和文化产业需要具有创新意识。简单的模仿、抄袭、粗制滥造，不仅不会创造出高质量的文化产品，还会形成"劣币驱逐良币"的怪圈，影响文化的发展。文化发展讲究创新，传统文化与现代社会相适应也需要创新。创新的源泉既来自实践，也来自对传统文化的理解，所以我们要不断深入对传统文化的理解，纵向挖掘，深入实践，创造出更多高质量的文化作品。

第三，文化再解释，提升文化自信。通过发展文化事业和文化产业，对中华优秀传统文化进行升级优化，使中华优秀传统文化更具综合性、创新性、时代性与民族性等特性，融入时代语境，促进文化本质性的发展，提升整个民族的文化自信。将经过整合后的中华优秀传统文化融入时代语境，成为整个社会主流话语体系一部分，实现社会主义先进文化建设目标，就必须经过文化再解释。文化再解释是指将经过文化整合后的文化元素和文化体系放置于时代背景中进行新的解释，使其具有时代性和特色性。解释并不是单纯客观意义上回到过去，而是文化创造。文化再解释，就是必须将中华优秀传统文化传承与践行社会主义核心价值观有机结合，在传承中华优秀传统文化过程中涵养社会主义核心价值观。在全球化的语境下，在建设中国特色社会主义的时代背景中，面对各种文化的冲击和侵蚀，只有树立正确的价值观，才能应对各种风险挑战。我们只有自觉努力践行社会主义核心价值观，才能不断增强个人价值观自信，只有增强了个人价值观自信，才能提升整个民族的文化自信，文化自信和价值观自信的增强，必将增强我们的理论自信和制度自信，彰显出社会主义先进文化的理论魅力和价值感召力。

四、推进中华优秀传统文化、革命文化、社会主义先进文化相互融合

习近平总书记指出："中国特色社会主义文化，源自于中华民族 5000 多年文明历史所孕育的中华优秀传统文化，熔铸于党领导人民在革命、建设、改革中创造的革命文化和社会主义先进文化。"[①] 建成社会主义文化强国，必须传承和弘扬中华优秀传统文化、革命文化和社会主义先进文化，辩证处理三者相互统一、不可分割的关系，不断激扬信仰力量、凝聚价值共识、淬炼思想自觉，使其融合于中国特色社会主义伟大实践中。

（一）激扬信仰力量

中国共产党之所以能够完成近代以来各种政治力量不能完成的历史任务，关键在于把马克思主义作为自己的思想旗帜和行动指南，把共产主义作为自己的价值追求和奋斗目标。正是在这一崇高信仰的激励下，中国共产党突破了以往一切政治力量只顾自身特殊利益的局限性，将人民的福祉与民族的利益放在首位，以无私无畏的胸怀带领中国人民走过了一段又一段峥嵘的岁月。当前，激扬信仰力量，要注重从文化中寻根溯源。中华优秀传统文化是中华民族的精

---

① 习近平：《坚定文化自信，建设社会主义文化强国》，《求是》2019 年第 12 期。

神命脉，也是中华文化的根和源，特别是讲仁爱、重民本、守诚信、崇正义、尚和合、求大同等思想理念和自强不息、敬业乐群、见义勇为等传统美德，体现着中华民族世世代代在生产生活中形成和传承的世界观、人生观、价值观，塑造和培育着中华民族的思维方式、精神品格、价值取向和行为方式。革命文化传承着中华民族的优良传统，融合了马克思主义经典理论，对中华优秀传统文化进行了再生再造和凝聚升华，并在革命实践中得到熔铸。社会主义先进文化萃取了中华优秀传统文化和革命文化的精华，是对中华优秀传统文化和红色革命文化的深度融合，也是中华文化在当代中国的最新发展。中国特色社会主义共同理想和共产主义远大理想、马克思主义中国化时代化的制度和理论成果、社会主义核心价值观、以爱国主义为核心的民族精神和以改革创新为核心的时代精神，共同熔铸了社会主义先进文化。身处中华民族伟大复兴战略全局和世界百年未有之大变局，如果没有崇高的信仰和坚定的信念，很难想象我们能够有效应对重大挑战、抵御重大风险、克服重大阻力、解决重大矛盾，更遑论建设社会主义文化强国。历史和现实一再证明，理想信念的动摇和滑坡是政党衰落的开始，也是国家危难、民族危亡的前奏。我们需要不断从中华优秀传统文化、革命文化和社会主义先进文化中汲取信仰的力量，于乱云飞渡的复杂环境中把准方向，在"糖衣炮弹"的轮番攻击下坚守初心。

（二）凝聚价值共识

要在全党全国形成引领社会进步的中国精神、中国价值、中国力量，就必须充分发掘和运用能够凝聚民心、汇聚民力的文化资源。在诸多文化资源中，中华优秀传统文化是中华民族在漫长历史长河中淘洗出来的智慧结晶，既呈现于浩如烟海、灿烂辉煌的文化成果中，更集中体现为贯穿其中的思想理念、传统美德、人文精神。它昭示了中华民族的璀璨历史，展现了各族人民的伟大智慧创造，也是中华民族和中国人民在修齐治平、尊时守位、知常达变、开物成务、建功立业过程中逐渐形成的有别于其他民族的独特标识。革命文化是近代以来特别是五四时期新文化运动以来，在党和人民的伟大斗争中培育和创造的思想理论、价值追求、精神品格，集中体现了马克思主义指导下的中国近现代文化的发展及其成果，展现了中国人民顽强不屈、坚忍不拔的民族气节和英雄气概。革命文化是中国共产党人领导中国人民在伟大的革命斗争实践中形成的先进文化，是近代以来中国共产党和中华民族的强大精神支柱。社会主义先进文化是在党领导人民推进中国特色社会主义伟大实践中、在马克思主义指导下形成的社会主义文化，代表着时代进步潮流和发展要求。这三种文化都是中华民族在生存发展进程中的伟大创造，记载了中华民族自古以来在建设家园的奋斗中开展的精神活动、进行的理性思维、创造的文化成果，是民族禀赋、民族意志在伟大斗争中的历史表达、时代体现，也是中华民族生生不息、发展壮大的丰厚养料。

（三）淬炼思想自觉

发挥文化淬炼思想的作用，就是用"润物细无声"的方式教化全党全国人民，使人们能够将其内含的精神品格转化为自觉的道德修养，从根本上建立思想认同，并外化为行为习惯，最终达到"日用而不觉"的境界。中华优秀传统文化、革命文化和社会主义先进文化统一于中国特色社会主义事业的伟大历史进程，共同支撑起中国特色社会主义文化的辉煌大厦。正确认识和把握中国特色社会主义文化，不能把中华优秀传统文化、革命文化和社会主义先进文化割裂开来，也不能顾此失彼、厚此薄彼。科学推进中国特色社会主义文化建设，既要坚决反对历史虚无主义和文化虚无主义，反对全盘否定传统文化的非理性情绪和主张全盘西化的错误观点；也要坚决反对复古泥古、"以儒代马"等错误倾向，反对否定党领导人民在实现从站起来到富起来再到强起来的过程中创造的革命文化和社会主义先进文化的错误认识；更要坚决反对否定当代中华文化发展的社会主义性质、否定当代中国实践的文化价值等错误认识和倾向。淬炼出高度思想自觉，就要坚持马克思主义的立场、观点和方法，植根当代中国实践，遵循文化发展规律，正确处理好"本来"与"外来"、"当下"与"长远"、"继承"与"创新"、"转化"与"发展"的关系，不断从中获得正能量，淬炼思想、辨别真伪，从而在全社会形成抑恶扬善、扶正祛邪的道德风尚和社会风气。

第 六 章

建设具有强大凝聚力和
引领力的社会主义意识形态

意识形态是系统反映社会经济形态、政治制度和文化模式的思想体系，是党的一项极端重要工作，是为国家立心、为民族立魂的工作，事关党的前途命运，事关国家长治久安，事关民族凝聚力和向心力。[①] 建设具有强大凝聚力和引领力的社会主义意识形态，是新时代坚持和发展中国特色社会主义的重大命题和战略任务。

一、认清新形势下意识形态工作面临的机遇和挑战

我们党历来高度重视意识形态工作，靠强有力的意识形态工作统一思想、整合力量，凝聚人心、激励斗志，赢得主动、把握先机，阔步推进中华民族伟大复兴征程。进入新时代，以习近平同志为核心的党中央统筹中华民族伟大复兴战略全局和世界百年未有之大变局，团结带领全党全国各族人民迎难而上，在危机中育先机、于变局中开新局，推动党和国家事业取得新的重大成就，意识形态工作民心基础深厚坚实、呈现崭新局面，"意识形态领域形势发生全局性、根本性转变"，"全党全国各族人民文化自信明显增强、精神面貌更加奋发昂扬"。[②]

（一）全党全社会思想上精神上更加主动

中国特色社会主义进入新时代，科学社会主义在中国的发展迈向新阶段。我国意识形态领域形势发生全局性、根本性转变，全党全国各族人民文化自

---

① 　中共中央党校（国家行政学院）：《习近平新时代中国特色社会主义思想基本问题》，人民出版社、中共中央党校出版社 2020 年版，第 268 页。

② 　习近平：《高举中国特色社会主义伟大旗帜 为全面建设社会主义现代化国家而团结奋斗——在中国共产党第二十次全国代表大会上的报告》，人民出版社 2022 年版，第 10 页。

信明显增强，全社会凝聚力和向心力极大提升，为新时代开创党和国家事业新局面提供了坚强思想保证和强大精神力量。

在紧跟党的理论创新步伐中，思想旗帜更加高扬。习近平总书记以巨大政治勇气、强烈责任担当、卓越领导能力在治国理政实践中深邃思考、深入总结，发表一系列重要讲话，不断丰富发展党的创新理论，指引党和国家事业在劈波斩浪中行稳致远。深入实施马克思主义理论研究和建设工程，推进党的创新理论学理化、大众化，大中小学思想政治理论课一体化建设取得实质性进展。"宣言""钟轩理""理论热点面对面"等理论品牌影响不断扩大，全媒体理论传播矩阵初步建立。

在应对新冠疫情大战大考中，民族精神更加昂扬。面对突如其来的新冠疫情，以习近平同志为核心的党中央始终坚持人民至上、生命至上，以坚定果敢的勇气、坚忍不拔的决心，团结带领全党全国各族人民与病毒殊死较量，取得了抗击疫情斗争重大战略成果。在这场抗疫大战中，中国人民风雨同舟、众志成城、勇于斗争、敢于胜利、不怕牺牲，涌现出不可计数的平凡英雄，铸就生命至上、举国同心、舍生忘死、尊重科学、命运与共的伟大抗疫精神。经过大战大考，广大人民群众更加深切地感受到中国共产党领导和中国特色社会主义制度的优越性，"四个自信"更加坚定，中国精神充分彰显。

在聚焦决胜全面建成小康社会中，党心民心更加凝聚。党中央秉承初心使命、坚守庄严承诺，以更大决心、更强力度带领全党全国各族人民取得脱贫攻坚最后胜利。现行标准下农村贫困人口全部脱贫，历史性解决了绝对贫困和区域性整体贫困问题，创造了彪炳史册的人间奇迹。"上下同心、尽锐出战、精准务实、开拓创新、攻坚克难、不负人民"的脱贫攻坚精神进一步丰富了中国共产党人精神谱系，凝聚起全面建设社会主义现代化国家的坚定信心和澎湃力量。

在重大舆论斗争中，自信自强更加彰显。牢牢占据道义制高点，及时揭露批驳境内外敌对势力借疫情对我国抹黑、"甩锅"，坚决有力开展对美舆论斗争，有效应对反制美国对我国媒体和文化交流机构打压，增强了广大人民群众的底气骨气。深入批驳历史虚无主义、西方"普世价值"等错误思潮论调，重拳打击持续散布政治性错误言论的重点人，坚决清除"害群之马"，意识形态阵地管理政治导向鲜明有力。

（二）两条道路、两种制度之争尖锐复杂

不同意识形态既是不同社会道路、社会制度的反映，又是支撑不同社会道路和社会制度合理性的思想基础。资本主义和社会主义两条道路、两种制度之间的矛盾是结构性矛盾，将伴随我国全面建设社会主义现代化国家全过程。敌对势力把社会主义中国的发展壮大视为对资本主义道路和制度的挑战，不断变换策略和手法实施西化、分化图谋，加大对中国进行政治误导、战略遏制、全面施压的力度，加大抹黑中国道路、理论、制度、文化的力度，意识形态领域渗透与反渗透的斗争形势复杂尖锐，争夺人心、争夺阵地的斗争也十分激烈。

多年来，西方敌对势力对我国推行意识形态渗透，除了对我国实施西化和分化，还采取了不少手法：一是在全球范围内借苏东剧变和冷战结束极力宣扬"淡化意识形态"，企图让我们淡化政治意识形态，淡化共产主义远大理想和中国特色社会主义共同理想，淡化马克思主义在意识形态领域的指导地位。二是利用我们执政党内少数党员和政府中少数公务员的工作失误、少数分子的腐败行为和我国经济社会发展中存在的问题，添枝加叶，对中国共产党的领导和中国的社会主义制度加以丑化，企图使大众对我们党失去信任，对社会主义失去信心。三是利用冷战后世界社会主义运动处于低潮这一事实，企图搞乱人们的思想。四是强化西方意识形态的霸权地位。以美国为代表的西方国家企图利用西方的"精神和文化价值观"影响和动摇社会主义国家人民的信念，从而逐渐侵蚀社会主义的基础。五是散布所谓"中国威胁论""黄祸论"等论调"妖魔化"中国，攻击中国的爱国主义为"狭隘民族主义"，视中国的社会主义为"极权主义"，企图搞乱中国发展的外部环境，削弱中国在国际上的影响力。六是利用经济手段进行文化"植入"。西方国家通过与我国经济交往挟带意识形态"私货"，把"人权""人道主义"同经济活动挂钩，利用一切手段大力宣扬西方资产阶级的世界观、人生观、价值观，以近似强制

的方式加强文化渗透和文化输出，达到"以接触促演变"的目的。七是通过广播、电视、电影、报纸、杂志、信息网络等媒体输出文化产品，公开或隐蔽地推销其社会政治理论、价值观念、意识形态和生活方式。[①]

（三）社会矛盾复杂性诱发意识形态风险

随着改革开放和社会主义市场经济的发展，我国社会生活发生了广泛而深刻的变化，社会阶层分化加剧，出现了不同的利益群体、不同的利益诉求、不同的政治理想，社会思想文化呈多元多样多变态势。主流意识形态的安全关系到中国特色社会主义的命运和党的事业的成败，值得中国共产党人高度警觉。

社会经济成分、组织形式、就业方式、利益关系和分配方式日益多样化，人们思想活动的独立性、选择性、多变性和差异性进一步增强。这种变化趋势虽然总体上是积极的，但在这个过程中，非马克思主义的意识形态也有所滋长，享乐主义、拜金主义、极端个人主义在一些地方还严重存在，部分社会成员思想道德失范，有些人世界观、人生观、价值观发生扭曲，是非混淆、善恶颠倒、荣辱不分的现象还时有发生。还有一些人极力鼓吹"意识形态多元化"和"指导思想多元化"等论调。马克思主义的指导地位受到一些负面因素的挑战。突出表现在：封建迷信思想在一些地方沉渣泛起，资本主义腐朽思想文化乘虚而入，一些社会思潮的消极思想被割裂放大后在社会不断宣传发酵。这些思想观念、文化因素渗透在理论学术、文学艺术等文化领域的各个方面，影响腐蚀着社会精神和人们思想。这些情况必须引起我们的高度重视，否则会造成社会思想的混乱，影响民族团结和国家统一，从而影响强国建设、民族复兴大局。

二、牢牢掌握党对意识形态工作领导权

建设具有强大凝聚力和引领力的社会主义意识形态，是全党特别是宣传

---

① 秦宣：《西方意识形态渗透方式新变化》，《中国社会科学报》2011年5月14日，第4版。

思想文化战线必须担负起的一个战略任务。进行具有许多新的历史特点的伟大斗争，把握和用好历史机遇期，有效应对各种风险挑战，迫切需要加快建设具有强大凝聚力和引领力的社会主义意识形态，形成心往一处想、劲往一处使的生动局面，汇聚同心同向、攻坚克难的统一意志和行动力量，确保中国特色社会主义事业顺利推进。

（一）不断巩固马克思主义在意识形态领域的指导地位

"中国共产党为什么能，中国特色社会主义为什么好，归根到底是因为马克思主义行！"[①]党的十九届四中全会着眼新时代党和国家事业全局，明确将坚持马克思主义在意识形态领域指导地位确定为我们必须始终遵循的根本制度，党的二十大又强调要坚持马克思主义在意识形态领域指导地位的根本制度。这是历史的结论、现实的必然，意义重大而深远。

第一，马克思主义是科学的理论、人民的理论、实践的理论、开放的理论。它深刻揭示了人类社会发展的普遍规律，为人类社会发展进步指明了方向，是"对"的理论；它坚持实现人民解放、维护人民利益的立场，以实现人的自由而全面的发展和全人类解放为己任，反映了人类对理想社会的美好憧憬，是"好"的理论；它具有鲜明的实践品格，为改变人民历史命运而独立，为人民认识世界、改造世界提供强大思想武器，是"行"的理论；它始终站在时代前沿，不断探索时代和实践发展提出的新课题、回应人类社会面临的新挑战，是"活"的理论。无论时代如何变迁、科学如何进步，马克思主义依然显示出科学思想的伟力，依然占据着真理和道义的制高点。坚持马克思主义在意识形态领域指导地位这一根本制度，必须坚定不移。习近平新时代中国特色社会主义思想，是对马克思列宁主义、毛泽东思想、邓小平理论、"三个代表"重要思想、科学发展观的继承和发展，是马克思主义中国化时代化最新成果，是全党全国各族人民为实现中华民族伟大复兴而奋斗的行动指南。

---

① 习近平：《在庆祝中国共产党成立 100 周年大会上的讲话》，《人民日报》2021 年 7 月 2 日，第 2 版。

在当代中国，坚持习近平新时代中国特色社会主义思想，就是真正坚持马克思主义。坚持马克思主义在意识形态领域的指导地位，第一位的任务就是用习近平新时代中国特色社会主义思想武装全党、教育人民、推动工作。

第二，要以科学的态度对待马克思主义。我们党的意识形态建设是以马克思主义进入我国为起点的，是在马克思主义指导下逐步发展起来的。马克思主义成为我们立党、立国的指导思想，成为中国共产党人的信仰，坚持马克思主义在意识形态领域的指导地位，不仅是不容置疑的政治立场，还要有科学的态度和方法。对待马克思主义的态度，始终是意识形态领域坚持马克思主义指导的首要问题。以科学的态度对待马克思主义，就是对马克思主义要坚信但不迷信，把马克思主义看作是行动的指南而不是教条。马克思主义是普遍真理，揭示了人类社会发展的一般规律，具有普适性，而不仅仅是某个社会，或是社会发展的某个阶段的"主义"。马克思主义是我们立党立国、兴党兴国的根本指导思想，是我们党始终沿着正确方向前进的根本思想保证。中国共产党100多年的历史充分证明，马克思主义永远不能丢。丢了马克思主义，就丢掉了共产党人建立和发展的理论基础。意识形态领域坚持马克思主义指导，就要从事实出发，而不是从原则出发，不但应当了解马克思、恩格斯研究资本主义社会矛盾所得出的一般规律性的结论，更为主要的是掌握他们观察问题和解决问题的立场和方法。马克思和恩格斯都坚决反对以教条主义的态度对待马克思主义，要求人们根据它的立场、观点和方法，探索解决发展变化实践中遇到的新问题。我们不能要求马克思、恩格斯预测世界科学社会主义运动现在所能遇到的各种问题，并给出准确的答案。比如，马克思生活的时代，工人阶级和资产阶级之间的矛盾突出，因此马克思主义主要代表无产阶级立场。而如今传统意义上的产业工人在发达国家占劳动力总人口的比例已很小，广大知识分子、中产阶层已成为社会进步不可或缺的部分。

第三，必须继续推进马克思主义中国化时代化。习近平总书记在庆祝中国共产党成立100周年大会上，鲜明提出把"继续推进马克思主义中国化"作为以史为鉴、开创未来"九个必须"的根本要求之一。在奋力迈进第二个百年奋斗目标新的征程上，我们必须坚持马克思列宁主义、毛泽东思想、邓小平理论、"三个代表"重要思想、科学发展观，全面贯彻习近平新时代中国特色社会主义思想，坚持把马克思主义基本原理同中国具体实际相结合、同中华优秀传统文化相结合，用马克思主义观察时代、把握时代、引领时代，继续发展当代中国马克思主义、二十一世纪马克思主义。继续推进马克思主义中国化时代化，首要的是坚持在实践中发展马克思主义。中国特色社会主义进入新时代，中华民族伟大复兴站上新起点，面临许多新情况新问题，在实践中发展马克思主义主要应做好三个方面。一是"马克思主义时代化"，也就是不断把马克思主义融入时代的发展之中，科学解读马克思主义的当代价值，充分发掘马克思主义与当前的时代特征和社会实践密切相关的理论内容。二是"时代化马克思主义"，也就是不断把时代的发展融入马克思主义之中，运用马克思主义的立场、观点和方法，形成新的思想和新的观点，实现马克思主义理论体系的创新发展。三是用马克思主义解决时代课题，这是实现前两者辩证统一的桥梁和纽带。当前，最重要的就是要学好用好马克思主义中国化、时代化的最新成果——习近平新时代中国特色社会主义思想，理解掌握以习近平同志为核心的党中央治国理政的韬略和方法，体会蕴含其中的智慧和风范，真正用以武装头脑，指导实践，为续写当代中国马克思主义新篇章提供有力的学理支撑。

（二）进一步增强社会主义意识形态的凝聚力和引领力

面对意识形态工作面临的机遇和挑战，不仅要求我们从理论上通过明确社会主义意识形态在意识形态体系中的主导地位，以便更好地发挥其引导、凝聚和调控等重要功能，而且要求我们在实践中积极探索意识形态工作面临的诸多矛盾，特别是对社会主义意识形态主导性形成的巨大冲击和挑战，不断提高我们对意识形态领域出现的各种新情况、新问题、新变化的应对能力。

第一，推进社会主义意识形态在实践中守正出新。时代变化和实践发展要求我们主动以一种求变、出新的眼光来看待社会主义意识形态，为社会主义意识形态的不断发展赢得更为扎实深厚的基础，并通过对自身不断的自我批判，赋予其新的时代内涵，增强社会主义意识形态对社会现实问题的解释与规约能力，强化社会主义意识形态的生命力。一要保持鲜明的人民立场。社会主义意识形态的创新，要紧紧围绕人民群众这一根本，通过突出对民生问题的关注，积极发挥人民群众的主体作用。正因如此，我们党明确把关心群众利益问题提高到一个新的高度来认识，提出"群众利益无小事"的执政理念，这不仅反映出政府在执政理念方面的创新和进步，而且也成为新时代社会主义意识形态建设需要重点关注的内容。二要将公平正义问题作为社会主义意识形态创新的价值追求。不仅给予每一个公民充分表达自己意见和主张的机会，而且善于捕捉一些言论、观点和行为背后所体现出来的各种利益诉求，并对合理诉求予以公允对待。三要以服务大众的美好生活为社会主义意识形态创新的最高目标。既要引导人们正确理解美好生活的意义，也要注意引导人们用正确合理的方式来获取美好生活，同时还要引导人们自觉地投身对美好生活追求与创造的社会实践之中。

第二，整合社会主义意识形态领域的各种利益关系。利益整合是在适度的利益分化而产生了较为普遍的利益矛盾和冲突的情况下才提出的。但是，它不是要消灭差异，而是在差异中寻找共同点，实现有机的结合。习近平总书记在中央财经委员会第十次会议上强调，共同富裕是社会主义的本质要求，是中国式现代化的重要特征，要坚持以人民为中心的发展思想，在高质量发展中促进共同富裕。① 这是在中国特色社会主义进入新的发展阶段，中华民族伟大复兴站在新的起点上作出的战略决策。以马克思主义为指导的社会主义意识形态，由于它是我国社会占统治地位的国家意识形态，是统一全党思想、凝聚中华民族、实行思想领导、推进社会发展的思想保证，因此也是实现中华民族伟大复兴的精神动力。要实现我国社会主义意识形态对各种利益关系的整合功能，就应该使其通过为社会成员提出共同遵从的价值取向，促成内在精神生活与外在生活的有序化、合理化和归属感，消解社会矛盾冲突、观念对抗等，进而协调人们的活动，使社会共同体成为一个有凝聚力的统一体。

---

① 《在高质量发展中促进共同富裕 统筹做好重大金融风险防范化解工作》，《人民日报》2021年8月18日，第1版。

这既涉及利益关系的让渡，也涉及利益关系的转移，还涉及利益关系的补偿。更重要的是，通过对各种利益的协调，达到对民意的整合，将不同利益的合理诉求巧妙地融合在一起，使不同利益主体能够公平地享有社会的共同利益。

第三，扩大社会主义意识形态的包容性。社会主义意识形态作为一种先进的主导意识形态，其影响力大小也取决于是否具有包容性。要做到包容，首先必须承认和允许多元意识形态共存的合理性，对各种意识形态采取宽容的态度，最大限度地包容、整合其他有益或无害的意识形态内容，并通过与那些有益或无害的意识形态间的开放、共存和协调，使自己得到一种补充并在竞争中发展壮大。从一定意义上说，社会主义意识形态包容度的大小，直接关系其影响力和感召力的大小。在这个问题上，任何对各种非主导性的意识形态采取一味拒绝、排斥甚至打压的态度和做法都是错误的。但是，应该看到，包容并不是对各种意识形态思潮的软弱和圆滑，也不是是非不分的麻木兼容。恰恰相反，包容是有原则、有限度的。包容的限度边界就是每一种意识形态的存在是否对整个社会发展造成危害。凡是危害社会和他人、损害他人利益与美好生活的意识形态都不应在被包容之列。

三、不断巩固壮大主流思想舆论

坚持以习近平新时代中国特色社会主义思想为指导，深刻领悟"两个确立"的决定性意义，增强"四个意识"、坚定"四个自信"、做到"两个维护"，不断提高政治判断力、政治领悟力、政治执行力，坚持底线思维，保持战略定力，掌握战略主动，切实维护国家政治安全和意识形态安全，为全面建设社会主义现代化国家开好局、起好步。

（一）坚定主心骨，坚持用习近平新时代中国特色社会主义思想凝心铸魂

把学习宣传贯彻习近平新时代中国特色社会主义思想作为首要政治任务，

紧密结合人们关心的理论和实际问题，不断深化学习宣传。认真组织学习《习近平新时代中国特色社会主义思想学习问答》及分领域纲要等，推动学习宣传贯彻向纵深发展。推动各级党委（党组）理论学习中心组完善制度、提升效果，把学习成果转化为谋划推进经济社会发展的思路举措、生动实践。改革创新思想政治理论课，不断推进党的创新理论进教材、进课堂、进头脑，筑牢青少年成长成才的思想根基。充分发挥"学习强国"学习平台、新时代文明实践中心、县级融媒体中心等阵地作用，组织开展理论和形势政策宣讲志愿服务活动，在服务群众中传播科学理论。

（二）唱响主旋律，聚焦新成就做大做强主流思想舆论

把歌颂新时代中国特色社会主义伟大成就作为宣传工作主线，大力唱响共产党好、社会主义好、改革开放好、伟大祖国好、各族人民好的高昂旋律。在全党深入开展党史学习教育，坚持学史明理、学史增信、学史崇德、学史力行，在全社会组织党史、新中国史、改革开放史、社会主义发展史、中华民族发展史宣传教育，广泛开展群众性主题宣传教育活动，激发干部群众爱党爱国爱社会主义的热情。统筹做好重大经济政策和经济形势宣传，持续解读好我国经济社会发展的战略目标和任务部署，大力唱响中国经济光明论，引导干部群众积极投身现代化建设伟大实践。切实加强社会主义精神文明建设，持续培育和践行社会主义核心价值观，宣传和弘扬我们党百余年奋斗历程中形成的由一系列伟大精神构筑的精神谱系。精益求精抓好文艺创作，深刻反映党、国家、民族的历史巨变，以丰富多彩的文艺形式奏响中华民族伟大复兴新征程的"大合唱"。开展多形式、高水平的外宣活动，理直气壮、生动鲜活讲好中国共产党的故事，让世界更好读懂中国、读懂中国共产党。

（三）打好主动仗，有效防范化解意识形态领域风险

下好先手棋，掌握主动权，科学精准分析研判意识形态领域风险，深入研究新特点新规律，不断增强工作的系统性、科学性、预见性。建立健全意识形态风险监测评估预警体系，加强舆情监测和分析研判，把握舆情热度、舆论态

度、风险烈度，提高对风险隐患的预判预警预防能力。完善重大舆情和突发事件舆论引导机制，综合施策做好经济、社会、民生领域热点问题舆论引导。健全应急处突工作体系，围绕重要时间节点、重要敏感领域，科学制定风险处置预案，积极稳妥处置突发性风险。加强对社会心态的监测研判，关注研究不同群体特别是新领域、新业态、新组织等从业人员的思想动态，既注重社会不良情绪分层疏导，又增强重点个体工作的针对性，力争把风险隐患消除于萌芽状态。增强政治敏锐性和政治鉴别力，防范非意识形态问题演变为意识形态风险，防范国外意识形态事件向国内传导输入，防范处置过程中的衍生风险，防止个别风险演化为全局风险，防止各类风险内外联动、累积叠加。

（四）增强斗争性，坚决有力开展意识形态斗争

坚持破立并举，发扬斗争精神，既敢于斗争又善于斗争。正确区分政治原则问题、思想认识问题、学术观点问题，对攻击党的领导、否定中国特色社会主义制度的错误思想，对攻击党的基本理论、基本路线、基本方略的错误言论，及时揭露批驳，敢于出拳亮剑。对各类政治谣言和有害信息，坚决清除。有针对性地开展涉外舆论斗争，统筹做好正面叙事、批驳澄清、舆论反制等工作，对西方国家在涉台、涉港、涉藏、涉疆和民族、宗教、人权等方面的攻击抹黑予以回击，坚决捍卫国家主权、安全、发展利益。

四、打好网络意识形态攻坚战

随着互联网成为人们获取信息的主要途径，网络舆论直接影响着人们的思想观念和价值取向。现在，意识形态领域许多新情况新问题因网而生、因网而增，许多错误思潮也以网络为温床生成发酵。因而，要加强互联网内容建设，建立网络综合治理体系，营造清朗的网络空间。

（一）加强互联网内容建设

习近平总书记将互联网内容建设作为互联网工作的第一要义加以强调，

说明互联网的内容建设已经成为当务之急。要理直气壮唱响网上主旋律，巩固壮大主流思想舆论，这是掌握互联网战场主动权的重中之重。要深入实施网络内容建设工程，加强网上正面宣传，旗帜鲜明坚持正确政治方向、舆论导向、价值取向，用习近平新时代中国特色社会主义思想团结、凝聚亿万网民，发展积极向上的网络文化，创新改进网上宣传，形成网上正面舆论攻势。要深入开展网上舆论斗争，严密防范和抵制网上攻击渗透行为，分析网上斗争的特点和规律，运用正确战略战术，组织力量对错误思想观点进行批驳，以内容优势赢得发展优势。

综合来看，互联网内容建设应把握好以下几点：第一，互联网传播的特点是人人传播、多向传播、海量传播，因而要创新理念、内容、体裁、形式、方法、手段、业态、体制、机制，空洞说教、生硬灌输不行，追求猎奇、编造故事不行，刻意迎合、取悦受众不行，庸俗低媚、极端表达也不行。第二，互联网的内容不同于平面媒体，在不同的互联网平台传播形态要有自身的特色，不能大而全或小而全，重复雷同。好的内容要通过生动的形式和手段表达出来，一个主题要形成全方位、多层次、多声部的主流舆论矩阵，不能一套话语满足所有人，一个腔调唱遍天下。第三，有铁的事实、好的道理，还得有耳目一新、引人入胜的表达和高明的议题设置。善于提出概念，形成标识，让我们设置的议题成为引导舆论的话题。第四，有针对性地回应社会关切，先声夺人，赢得主动。力争第一时间介入、第一时间发布，不能让权威发布落在舆论后面。第五，把握好"度"。不能在个别用词上大造其势，不能渲染过头，搞成运动式宣传。要因事制宜、因时制宜，精准判断舆情，找准思想认识的共同点、情感交流的共鸣点、利益关系的交汇点、化解矛盾的切入点。

（二）建立网络综合治理体系

习近平总书记强调，要提高网络综合治理能力，形成党委领导、政府管理、企业履责、社会监督、网民自律等多主体参与，经济、法律、技术等多种手段相结合的综合治网格局，进一步明确了我国网络综合治理的模式，对网络综合治理提出了新要求，为网络综合治理指明了发展道路。

第一，全面提升政府的网络空间管理能力。政府处于网络产品流通环节的下游位置，是网络产品走向社会公众前的最后一道关口。各级政府部门应主动顺应经济社会数字化、网络化和智能化的发展趋势，重点夯实网络安全等基础性法律法规，加快完善社交网络等融合创新领域的行业管理规章制度，织密法律法规和行规制度"两张网"。同时，以传统监管治理模式变革为切入点，推进监管治理手段的数字化、网络化和智能化，构建现代化监管治理大平台，打通跨部门、跨层级、跨区域监管数据流通渠道，促进监管数据无缝实时流动，完善业务协同联动机制，提高运行监测、态势感知、应急响应、在线处置等功能。

第二，切实强化企业的网络治理关口责任。企业是网络产品的主要供给者，处于网络产品生产和销售的上游环节，担负着网络治理第一责任人的重要角色。首先，建立健全身份认证等业务管理制度，构建管理运行和安全风控机制，确保平台在制度保障下合规、安全、有效运行。其次，结合网络平台具有的全天候运行、动态变化、影响迅速等特点，配备与其用户规模相适应的管理资源，不断提升平台业务实施治理能力，构建用户动态管理机制，加强业务实时监督，完善用户日志管理，提高业务事中阻断和事后溯源能力。最后，着力加强制度、技术、人员等全方位安全保障体系建设，切实提升平台在复杂网络访问下的安全保障能力。建立健全入侵监测等安全防护措施，完善网络、主机、系统、平台等各个对象安全保障措施，构建数据全链条信息安全防护机制。

第三，不断完善社会的网络领域监督机制。以各类网络平台为载体，及时补充和完善群众举报等社会监督平台功能，推进其与网监部门互联互通，完善跨部门、跨层级、跨区域协同执法机制，提高对网络造谣等违法犯罪行为的在线监督、举报和查处能力，进一步构建适应网络行为特征、畅通无阻的网络监督渠道。将媒体监督作为社会监督的重要力量，鼓励和支持其对网络平台造谣生事等行为进行揭露报道，通过扩大事件影响和深挖事件幕后本质，倒逼事件问题加速解决、监督企业诚信经营。

第四，加快提高网民的网络行为自律意识。消除"网络空间就是法外之地"

的错误观念，加强网络空间规章制度和法律法规的教育和学习，使网民自觉抵制网络空间造谣等违法犯罪活动，自觉做遵纪守法好公民。加快提升公民网络素养，多措并举推进网络诚信体系建设，弘扬不跟风、不盲从的网络精神，支持公民敢于发声、善于发声、巧于发声，增强其对网络行为的鉴别和判断能力。大力弘扬时代主旋律，主动传播、彰显和点赞正能量，使其充满网络空间，真正成为网络的立身之本和推动社会和谐进步的强大动力。

（三）营造清朗的网络空间

网络空间是亿万民众共同的精神家园。网络空间天朗气清、生态良好，符合人民利益；网络空间乌烟瘴气、生态恶化，不符合人民利益。正因如此，加强网络文明建设，营造清朗的网络空间，成为摆在我们面前的重要任务。2021年9月，中办、国办印发《关于加强网络文明建设的意见》，强调全面推进文明办网、文明用网、文明上网、文明兴网，凸显了网络文明建设的极端重要性。

第一，要加强网络空间道德建设。强化网上道德示范引领，广泛开展劳动模范、时代楷模、道德模范、最美人物、身边好人、优秀志愿者等典型案例和事迹网上宣传活动，推动形成崇德向善、见贤思齐的网络文明环境。深化网络诚信建设，举办形式多样的线上线下品牌活动，大力传播诚信文化，倡导诚实守信的价值理念，鼓励支持互联网企业和平台完善内部诚信规范与机制，营造依法办网、诚信用网的良好氛围。发展网络公益事业，深入实施网络公益工程，广泛开展形式多样的网络文明志愿服务和网络公益活动，打造网络公益品牌。

第二，要加强网络空间行为规范。培育符合社会主义核心价值观的网络伦理和行为规则，鼓励各地区各部门结合文明创建工作制定出台符合自身特点的网络文明准则，规范网上用语，把网络文明建设要求融入行业管理规范。着力提升青少年网络素养，进一步完善政府、学校、家庭、社会相结合的网络素养教育机制，提高青少年正确用网和安全防范意识能力，精心打造青少年愿听愿看的优秀网络文化产品。健全防范青少年沉迷网络工作机制，依法坚决打击和制止青少年网络欺凌，保护青少年在网络空间的合法权益。强化网络平台责任，加强网站平台社区规则、用户协议建设，引导网络平台增强国家安全意识。加强互联网行业自律，坚持经济效益和社会效益并重的价值导向，督促互联网企业积极履行社会责任。

第三，要加强网络空间生态治理。进一步规范网上内容生产、信息发布和传播流程，深入推进公众账号分级分类管理，构建以中国互联网联合辟谣平台为依托的全国网络辟谣联动机制。深入推进"清朗""净网"系列专项行动，深化打击网络违法犯罪，深化公众账号、直播带货、知识问答等领域不文明行为治理，开展互联网领域虚假信息治理。健全网络不文明现象投诉举报机制，动员广大网民积极参与监督，推动网络空间共治共享。坚持依法治理网络空间，把弘扬社会主义核心价值观贯穿网络立法、执法、司法、普法各环节，发挥法律法规对维护良好网络秩序、树立文明网络风尚的保障作用。加强个人信息保护法、数据安全法贯彻实施，加快制定修订并实施文化产业促进法、广播电视法、网络犯罪防治法、未成年人网络保护条例、互联网信息服务管理办法等法律法规。

第四，要加强网络空间文明创建。推动群众性精神文明创建活动向网上延伸，充分发挥新时代文明实践中心和县级融媒体中心作用，加强网民网络文明素养实践教育基地建设，推动基层开展网络文明建设活动。开展军民共建网络文明活动，促进军政军民团结。积极打造中国网络文明理念宣介平台、经验交流平台、成果展示平台和国际网络文明互鉴平台。深入实施争做中国好网民工程，引导广大网民遵德守法、文明互动、理性表达，引导全社会提升网络文明素养，净化网络环境。

五、全面落实意识形态工作责任制

严格贯彻落实《党委（党组）意识形态工作责任制实施办法》，强化政治责任、主体责任，落实属地管理和主管主办责任，切实做到守土有责、守土负责、守土尽责，织密意识形态安全"防护网"。

（一）强化责任担当

强化责任担当，是应对意识形态工作新形势的客观需要。意识形态领域作为政治安全的前沿阵地，斗争依然复杂尖锐。国内外各种敌对势力，总是企图让我们党改旗易帜、改名换姓，其要害就是企图让干部群众丢掉对马克思主义的信仰，丢掉对社会主义、共产主义的信念。在这样的情况下，加强党对意识形态工作的全面领导，强化意识形态工作的责任担当，才能更好巩固和发展主流意识形态，坚定干部群众的道路自信、理论自信、制度自信、文化自信。

强化责任担当，最根本的是牢牢把握正确的政治方向。意识形态工作本质上是政治工作，要始终绷紧政治这根弦，牢固树立政治意识、大局意识、核心意识、看齐意识，在政治立场、政治方向、政治原则、政治道路上同以习近平同志为核心的党中央保持高度一致，以实际行动坚决维护习近平总书记党中央的核心、全党的核心地位，坚决维护党中央权威和集中统一领导。要坚持党性原则，坚定宣传党的理论和路线方针政策，坚定宣传中央重大工作部署，坚定宣传中央关于形势的重大分析判断。所有宣传思想部门和单位都要加强政治建设，所有党员干部都要旗帜鲜明讲政治，确保意识形态工作的领导权掌握在忠于党、忠于人民、忠于马克思主义的人手里。

强化责任担当，就是要解决问题、补齐短板。在实际工作中，有的领域马克思主义被边缘化、空泛化、标签化，在一些学科中"失语"、教材中"失踪"、论坛上"失声"。一些领导干部对意识形态工作的极端重要性认识不足，不想抓、不会抓、不敢抓。一些地方和部门把意识形态工作当成软任务、软指标，甚至当成宣传部门一家之事。要坚持全党动手，自觉把意识形态工作摆在更加突出的位置，不断提高领导意识形态工作能力和水平，形成各条战线各个部门齐抓共管的生动格局。

（二）落实主体责任

各级党委（党组）领导班子对本地区本部门本单位意识形态工作负有主体责任。要压紧压实各级党委（党组）责任，做到任务落实不马虎、阵地管理不懈怠、责任追究不含糊。各级党委（党组）要把意识形态工作放在更高的位置，牢牢掌握意识形态工作的领导权、主动权、管理权和话语权，切实把意识形态工作摆上重要议事日程；要加强组织领导和统筹协调，把意识形态工作作为党委（党组）全会、领导班子民主生活会、述职报告、履行党建责任制的重要内容，纳入干部考察考核、执行党的纪律监督检查范围，建立意识形态工作责任制的检查考核制度，建立健全考核机制，明确检查考核的内容、方法、程序，推动考核工作规范化、常态化。各级党委（党组）要定期听取意识形态工作汇报，定期分析研判意识形态领域形势，定期通报意识形态领域新情况，全面负起领导责任，切实当好意识形态工作的领导者、推动者、执行者，真正把意识形态工作抓紧抓实。

各级领导干部特别是主要负责人要旗帜鲜明地站在意识形态工作第一线，扶正祛邪、激浊扬清，带头部署策划意识形态工作，带头管阵地把方向强队伍，带头批评错误观点和错误倾向，敢于站在风口浪尖，经常分析意识形态领域的动态动向，正确判断意识形态领域形势，不断研究新情况、解决新问题，有理有利有节地开展思想舆论斗争，始终做到敢于担当、履职尽职。各级领导干部要按照"一岗双责"要求，抓好分管部门、单位的意识形态工作，指导和推动本部门本单位把意识形态工作要求融入各项工作，对职能范围内的意识形态工作肩负主体责任，切实把意识形态工作的主体责任融入各项工作，落细落实、落地生根，形成常态长效机制。

党员干部要增强党员意识，牢记在党言党、在党忧党、在党为党、在党护党。各级党员干部要严守政治纪律和政治规矩，决不允许公开发表违背中央精神的言论，决不允许参与各种非法组织和非法活动，把党的纪律和规矩牢牢地立起来、严起来。要发扬斗争精神，敢抓敢管，敢于亮剑，坚决与否定党的领导、否定中国特色社会主义制度的错误言行作斗争，旗帜鲜明支持正确思想言论，旗帜鲜明抵制错误思潮。

（三）加强阵地管理

阵地是意识形态工作的基本依托，守住守好阵地是牢牢掌握意识形态工作领导权和话语权的必然要求。意识形态阵地我们不去占领，各种错误思想就会占领。要切实加强意识形态阵地建设和管理，绝不给错误思想提供传播渠道。

认真落实主管主办和属地管理原则。加强各类意识形态阵地建设和监管，完善机制、严格制度，加强日常监管，看好自己的门，管好自己的人。加强对重点部位、薄弱环节的管理，规范网上信息传播秩序，做到阵地管理不留"盲区"、不挂"空挡"，确保阵地有人管、责任有人负、工作有人抓。

区分好政治原则问题、思想认识问题、学术观点问题，是什么问题就解决什么问题，既不能随意上纲上线、把一般问题政治化，也不能丧失政治敏锐性、把政治原则问题当作一般学术和思想问题对待。对那些挑战我们政治原则、政治底线的错误思想观点，必须动真格、零容忍，立场坚定、态度鲜明地开展斗争，划清是非界限、澄清模糊认识。无论处理什么性质的问题，都要有利于坚持和加强党的领导，有利于凝聚党心民心，有利于促进改革发展稳定。

第七章

培育和践行
社会主义核心价值观

当前我国经济社会发展站在了一个新的历史起点上，面临多样化的利益诉求、多样化的社会思潮、多样化的价值观念，迫切需要精神旗帜、思想导向和价值引领。新时代培育和践行社会主义核心价值观，对续写中国特色社会主义这篇大文章，全面建设社会主义现代化国家的意义重大、影响深远。

一、强化教育引导

培育和践行社会主义核心价值观，首先要坚持不懈用马克思主义中国化时代化的最新成果武装全党、教育人民，引导全体人民正确认识社会发展规律和国家民族的前途命运，坚定中国特色社会主义信念，始终保持昂扬向上、开拓进取的精神状态，不断巩固全党全国人民团结奋斗的共同思想基础。同时，要探索新时代培育和践行社会主义核心价值观的规律方法，将教育与管理相结合、解决思想问题与解决实际问题相结合，不断增强针对性和实效性。

（一）把社会主义核心价值观融入国民教育

培育和践行社会主义核心价值观，思想教育是基础。坚持不懈地把社会主义核心价值观融入国民教育全过程，强化教育是当前培育和践行社会主义核心价值观的首要途径。

国民教育主要包括学校教育、家庭教育和社会教育三种基本形式。[①]

学校教育是把社会主义核心价值观融入国民教育的主阵地。从教育过程看，要根据不同类型学校的特点，把社会主义核心价值观贯穿到各级各类学

---

① 赵爱玲：《中国特色社会主义核心价值体系建设研究》，中国人民大学出版社 2013 年版，第 271 页。

校，贯穿到从幼儿园到大学教育的全过程。从教育途径看，既要在各类学科中渗透社会主义核心价值观，发挥课堂教学主渠道作用，又要重视日常养成，发挥校园文化等第二课堂潜移默化的熏陶作用。从教育者看，既要发挥专职人员培育和践行社会主义核心价值观的影响和作用，同时又要通过强化教书育人、管理育人、服务育人的全员育人、全方位育人格局来贯穿培育和践行社会主义核心价值观，努力在校园内形成良好的培育和践行社会主义核心价值观氛围。从教育内容看，学校教育体系应着重强调分层次、分阶段，科学设置，学前和小学教育应当以核心价值体系中有关社会公德、文明礼仪等条目为基本内容，培养公德意识，养成良好的文明行为习惯；中学教育应以核心价值体系中有关中国化时代化马克思主义基本内容，注重"公民、法律、责任"等国家和公民意识的培养，逐步确立积极向上的集体主义价值取向；高等教育应着重进行中国特色社会主义共同理想、民族精神和时代精神教育，使学生将实现个人人生价值与社会价值目标有机统一，成为中国特色社会主义的合格建设者和接班人。

家庭教育是把社会主义核心价值观融入国民教育的起点。一方面，家庭教育的功能体现在起点意义上，儿童时期所受的家庭教育对人的一生影响至深；另一方面，家庭教育是一种从起点到终点的全程教育。家庭生活将伴随人的一生，既是学校教育的基础，又是能为学校教育提供必要调整和补充的好帮手。作为家长，要注重对孩子的思想教育、品德教育、人格教育、心理健康教育和文明礼貌教育，以自身良好的品行修养自觉为子女作出表率，积极引导孩子树立正确的世界观、人生观、价值观，引导他们成为对祖国、人民、社会有用的人。

社会教育是把社会主义核心价值观融入国民教育的主课堂。社会教育，主要是加强社会公德教育，尤其以加强公民意识、公共责任和社会诚信教育为重点；同时要加强国情和形势政策教育，引导公众正确认识国情和国家发展形势，不断增强对中国共产党领导、社会主义制度、改革开放事业、实现中华民族伟大复兴的信念和信心，把社会主义核心价值观的要求融入社会主义先进文化和各种精神文明创建活动中，不断提升全体公民的思想文化和精神境界，培育文明风尚。

（二）把培育和践行社会主义核心价值观融入文化产品创作生产

满足人民过上美好生活的新期待，必须充分发挥社会主义核心价值观对精神文化产品创作生产传播的引领作用，为人民群众提供丰富的精神食粮。与物质产品不同的是，大部分文化产品的精神内容或思想内涵表现为鲜明的意识形态属性和功能。社会主义核心价值观决定社会主义文化的性质和发展方向，必然决定文化产品创作生产的价值目标和价值规范。

第一，正确认识和把握文化产业的特点。文化产业不同于传统的第一、第二产业，也不完全等同于第三产业，它以文化为资源和生产材料，通过生产内容和创意提供文化产品和服务，具有集思想性、艺术性、实用性于一体的文化生产和消费特征。文化产业自身发展要经历资源、投资、企业、产品、服务、消费等环节。这些环节都应充分彰显社会主义核心价值观的内容和形式，否则就会走上畸形的道路，对中国特色社会主义事业产生负面作用。因此，在各地纷纷加快发展文化产业，甚至把文化产业作为国民经济发展支柱产业的过程中，必须以高度的时代使命感和文化责任感来维护和确保文化产业发展的正确方向，自觉把文化产业的发展与社会主义核心价值观建设的具体要求相融合，切实为人民群众提供积极向上、健康有益的精神文化产品和文化服务。

第二，按照两个效益相统一的原则和机制开发、整合文化资源，激发文化生产活力。文化资源是文化生产的前提和基础。从文化生产资料看，选择什么样的文化资源将是一个关乎文化产品思想价值和审美形态的重大理论和实践问题。文化资源要进入文化生产和消费过程，必须经过优化配置，把那些具有资源禀赋和市场潜质的资源挖掘、凸显、整合起来，按照两个效益相统一的原则、大众化需求和市场机制，开发以资源为支撑的文化产品和文化服务。

第三，牢牢把握文化企业生产的正确方向。从文化生产企业看，社会主义核心价值观的基本要求具体体现在企业的经营理念、社会责任和价值追求等方面。要把社会主义核心价值观融入文化企业的建设和管理中，推动文化产业单位自觉担当起建设社会主义先进文化的历史责任。要坚持贴近实际、贴近生活、贴近群众，创新内容、形式、手段、方法，努力体现时代性、把握规律性、富于创造性，使人民群众在充分享受文化成果的同时，提高精神价值追求。

第四，高度重视文化产品的文化含量、文化品质、文化价值。从文化生产看，文化产品是文化产业为社会创造物质和精神财富的主体环节和核心部分。文化生产方式、文化产业结构、文化生产者素质，这三者决定了文化产品的文化含量、文化品质、文化价值和市场前景。[①] 因此，一方面要高度重视文化产业生产方式的现代化、产业结构的最优化和生产者素质的提升，尤其在文化生产者培育方面应加强文化产业从业人员的资格认证和职业培训，以全面提升文化生产力；另一方面，应在文化产品的思想内涵、审美情趣上，充分体现和彰显社会主义核心价值观的基本要求。

（三）弘扬新风正气，焕发乡村文明新气象

2021 年《中共中央 国务院关于全面推进乡村振兴加快农业农村现代化的意见》对"加强新时代农村精神文明建设"提出了明确要求，要落实弘扬新风正气的要求，结合推进移风易俗，培育文明乡风、良好家风、淳朴民风，焕发乡村文明新气象。

第一，大力宣传中央和地方关于扶持农业、农村发展的方针政策，极大地保护和提升人民群众建设社会主义新农村的积极性和主动性。深入宣传《公民道德建设实施纲要》，积极在村镇总结推广"道德评议会""移风易俗理事会"等形式多样的道德实践活动，引导村镇民众自我教育、自我提高，形成与社会主义新农村建设相适应的思想道德观念和社会风尚。

第二，坚持把社会主义核心价值观建设融入贯穿"创建文明新村"活动

---

① 赵爱玲：《中国特色社会主义核心价值体系建设研究》，中国人民大学出版社 2013 年版，第 305 页。

全过程。围绕推进乡村全面振兴建设，以"新农民、新生活、新家园"为主题，以"讲文明、讲卫生、讲科学、改陋习"为主要内容，抓好农民的核心价值观教育，大力培育有文化、讲道德、懂技术、会经营的新型农民。继续扎实推进"农民素质提升工程""三下乡"活动，以举办农民读书节等活动为载体，积极引导农民学政策、学科技、学文化、学法律，努力提高广大农民的科学文化素质。针对农民群众不断增长的精神文化需求，开展群众喜闻乐见、健康文明的文体活动，促进乡风文明建设。

第三，深入开展为民办实事、办好事的民心工程。各级各部门增加政府投入，从农民群众最关心、最直接、最现实的利益问题入手，整合资源，把为民办实事纳入经济社会发展规划，大力加强农村基础设施、公共服务体系和生态环境建设，为各地群众解决实际问题。广泛深入开展爱国卫生运动，以改水、改路、改厕、改灶、改厩和治脏、治乱、治差为重点，进行村容村貌整治，改善农村生态环境，提高民风村风乡风文明程度。

第四，开展形式多样的文明创建活动，坚持面向基层，服务群众，切实加强城乡文化建设，丰富基层群众精神文化生活。广泛开展"四进农户"活动及"以城带乡、城乡共建"、科教文卫"三下乡"等活动，组织各行业部门和各级文明单位、文明行业与农村开展结对共建活动，以弘扬新风尚、打造新文化、服务新农村、培育新农民，提高乡村文明程度，促进农村发展。要搞好宣传引导，组织农村文艺骨干和农民群众创作乡村歌曲，再唱革命红歌，歌颂全面建成小康社会新成就，展示新农村、新农民的新面貌。

二、注重实践养成

培育和践行社会主义核心价值观的落脚点是融入实践、推进建设，使社会主义核心价值观成为人们日常工作生活的基本准则，真正内化为人们的人生态度、行为准则、价值取向和自觉行动，贯穿于工作的各个环节，落实到岗位职责的各个方面。

（一）把培育和践行社会主义核心价值观融入日常生活

习近平总书记一再强调，一种价值观要真正发挥作用，必须融入社会生活，让人们在实践中感知它、领悟它，与人们日常生活紧密联系起来，在落细、落小、落实上下功夫。[①]

首先，塑造利益诉求的契合点，将远大的目标落实为具体的任务。社会主义核心价值观作为一种指导性价值观，居于统领地位，但是面对日常生活，要将宏伟目标分解为可操作性强的具体任务，将社会主义核心价值观落实到经济发展中，融合到法治建设实践中，结合到社会治理实践中，避免脱离实际，凌空蹈虚。落实到经济发展中，是指确立经济发展目标和发展规划，出台经济社会政策和重大改革措施，开展各项生产经营活动，要遵循社会主义核心价值观要求。既要保障大部分人的经济利益，又要关注弱势群体，实现经济效益与社会效益的有机统一。融合到法治建设实践中，是指社会主义核心价值观要落实到立法、执法、司法、普法和依法治理的各个方面，防止权力的滥用，以维护社会的公平正义。结合到社会治理实践中，是指要形成科学有效的诉求表达机制、利益协调机制、矛盾调处机制、权益保障机制，以确保人们表达诉求的渠道畅通，维护人们的利益不受侵害。

其次，塑造认知图式的契合点，让人们在日常生活中不知不觉接受熏陶培育。将社会主义核心价值观落实到日常社会角色规范之中，进一步完善市民公约、乡规民约、学生守则等，实现由理论术语向大众话语的转换、从"基本原理"到"生活道理"的转换，使社会主义核心价值观深深融入人民群众的学习、工作和生活中。推进公共博物馆、纪念馆、爱国主义教育基地和文化馆、图书馆、美术馆、科技馆的免费开放，积极开发红色旅游。

最后，塑造内心情感的契合点，激发情感敬佩与认同。充分利用榜样效应与沟通作用，将社会主义核心价值观转化为人格化、形象化、具体化的形式，对行为产生正面的引导。落实到日常仪式之中，通过仪式教育增强集体荣誉感，加强社会整合。开展礼节礼仪教育，在重要场所和重要活动中升挂国旗、

[①] 《习近平谈治国理政》第一卷，外文出版社 2018 年版，第 165 页。

奏唱国歌，在学校开学、毕业时举行庄重简朴的典礼，完善重大灾难哀悼纪念活动，让人们在庄重的仪式中积淀自己的情感，传承主流的价值观。落实到家风建设中，将家风与社会主义核心价值观基本要求有机结合起来。

（二）把培育和践行社会主义核心价值观融入精神文明建设

精神文明建设的对象是人的精神世界和社会道德领域，直接影响人们的思想观念、价值判断、道德行为以及整个社会的道德风尚。改革开放以来，我国经历了高速的经济发展和急剧的社会转型，人们的精神世界也发生了剧烈震荡和变动。其中既有精神提升的新契机，也有精神滑坡的新挑战。正是在这种情境下，中央强调积极培育和践行社会主义核心价值观，弘扬社会主义道德风尚，解决精神懈怠和道德失序问题。

一方面，通过培育和践行社会主义核心价值观正确摆位精神文明建设。回顾我们党领导革命、建设和改革的历史进程，不难发现我们党对社会主义的认识是在社会主义现代化实践中不断探索形成的，是社会主义核心价值观理论逻辑和历史逻辑相统一的过程。也正是在这个过程中，我们党对精神文明建设的认识不断清晰，重视程度不断提升。从新中国成立初期文化建设"高潮论"，到改革开放时期"两手论"，到新的历史时期"总体布局论"，再到新时代的"标志论"（精神文明作为社会主义现代化强国的主要标志之一），这条清晰的发展脉络，见证着我们党团结和带领全国各族人民为实现中华民族伟大复兴中国梦持续奋斗的艰辛，是我们党在全社会培育和践行社会主义核心价值观的重大理论成果。正如思想认识必然随着实践的变化而发展一样，我们对精神文明建设的认识探索也在培育和践行社会主义核心价值观过程中不断深化。要高度重视历史上曾经出现过，甚至目前甚为流行的各种错误认识和思想倾向，全面宣传弘扬国家、社会和个人层面的价值理想、价值规范和价值准则，把精神文明建设的各项要求纳入对个人、社会的规范和约束之中，从宏观部署和微观行为上把精神文明建设摆到正确位置。

另一方面，通过培育和践行社会主义核心价值观科学推进精神文明建设。从内容上看，精神文明包含思想道德和科学文化两个层面，而科学文化的运用只有在符合主流思想道德要求前提下才能进入精神文明范畴。把科学文化建设同思想道德建设紧密地结合起来，离不开培育和践行社会主义核心价值观。通过发挥执政党的政治和组织优势，更加主动和自觉地利用这个条件。在教育工作中，主动把德育放在重要的地位，纠正"智育至上"的错误倾向；在科技战线，充分认识到科学不仅是促进经济和社会发展的第一生产力，也是推动思想道德建设的巨大杠杆；注意用科学理论武装人民群众，帮助他们树立正确的世界观、人生观、价值观。

（三）树立培育和践行社会主义核心价值观的先进典型

先进典型是社会主义核心价值观的优秀代表，是培育和践行社会主义核心价值观的鲜活教材。树立先进典型，发挥先进典型的示范作用，既是我们党重要的政治优势和工作经验，也是普及和推广社会主义核心价值观的重要路径和有效抓手。

第一，多层次、多渠道发现树立先进典型。培育和践行社会主义核心价值观，既要大力挖掘各个领域、各个层次的先进典型，重视用先进典型的事迹教育引导人民群众，又要通过先进典型的辐射和带动作用，调动人民群众培育和践行社会主义核心价值观的积极性。一方面，要精心发现树立先进典型。先进典型要发挥感染人、教育人和示范人的作用，必须体现党的全心全意为人民服务的宗旨，体现改革创新的时代要求，集典型性与时代性、先进性、服务性于一身，确保能立得住、喊得响、传得开。另一方面，要深入挖掘典型精神。先进典型的深度挖掘要特别注重典型的内在精神与社会主义主流价值导向相吻合，突出先进典型的政治号召力，把党的意志和人民呼声结合起来，把党的宣传主张和公众需求结合起来，使先进典型成为适应时代发展、推动社会发展和进步的示范者。再一方面，要组织好各层次先进典型的评选表彰活动。发动各条战线积极踊跃参加全国道德模范评选表彰活动，使评选表彰过程成为用社会主义核心价值观引领广大群众成长进步的过程。

第二，大力推广先进典型，放大学习宣传效应。典型宣传不仅是引导激励人民群众干事创业的重要途径，也是宣传思想工作"虚功实做"的重要方法。

要营造有利于先进典型发挥作用的公共舆论，崇尚推动正确、先进的社会舆论，抑制和瓦解消极的社会舆论，引导人民群众树立正确的榜样典型。

第三，精心谋划学习宣传先进典型的长效机制。将精神激励与物质激励相结合，从政治、工作、生活上关心先进典型及其家属，为他们的工作创造良好条件、解除后顾之忧；同时要加强对先进典型的指导和培养，引导他们正确对待荣誉，坚持与时俱进，始终保持先进性。着力构建先进典型的发现机制、学习机制、宣传和激励机制。构建符合不同界别行业特点的价值理念，使社会主义核心价值观能够与不同行业的职业特点相结合，融入行业的规章制度，将其内化为个体的价值追求和行为自觉，富有成效地促进社会主义核心价值观的认同和践行。

（四）发挥党员干部带头感召和先锋模范作用

广大党员干部，特别是各级领导干部的言行举止对其他社会成员有着难以估量的社会示范和影响效应，并在很大程度上影响着人民群众对社会主义核心价值观的认同和践行。因此，要通过广大党员干部的身体力行，使社会主义核心价值观在社会大多数成员中播种扎根，成为全体社会成员共同的理想信念、精神状态和道德规范。

着力发挥党员干部的先锋模范作用，把培育和践行社会主义核心价值观融入创先争优活动全过程，在当前要注重抓好以下工作。一是加强学习，做带头学习的典范。按照建设马克思主义学习型政党的要求，深入学习和掌握马克思列宁主义、毛泽东思想、邓小平理论、"三个代表"重要思想、科学发展观，特别是习近平新时代中国特色社会主义思想，领悟掌握基本立场、基本观点、基本方法；向基层学习，大兴调查研究之风；向群众学习，认真倾听群众呼声，虚心征求群众意见，总结人民群众在实践中创造的新经验、好办法，在凝聚群众智慧中凝聚力量、提高自己。二是解放思想，开拓思路，做改革创新的典范。创新体制机制，最大限度地调动各种积极因素，集中各方面的智慧和力量，在解放思想中统一思想，在转变观念中更新观念，在勇于探索中不断创新并取得工作成效，增强党员干部锐意进取、破局开新的勇气担当和素质能力。三是严于律己，做廉洁奉公的典范。领导干部要时刻警醒鞭策自己，珍惜党和人民赋予的权力，时刻保持清醒的头脑，自觉过好名利关、金钱关、美色关、人情关，永葆政治本色。四是营造有利于优秀党员干部发挥先锋模范作用的良好氛围，大力表彰先进基层党组织、先进党务工作者和优秀共产党员。

三、融入法治建设

法律法规是培育和践行社会主义核心价值观的重要保证。要坚持依法治国与以德治国相结合，把社会主义核心价值观融入法治国家、法治政府、法治社会建设全过程，贯穿立法、执法、司法、守法各方面，用法律的权威来增强人们培育和践行社会主义核心价值观的自觉性，形成有利于培育和践行社会主义核心价值观的良好法治环境。

（一）把社会主义核心价值观融入法治建设全过程

从我国现实情况来看，现行法律、政策对推动社会主义核心价值观建设还存在"保障不力、支持不足"的问题，引导性、激励性、约束性不够。因此，必须全面推进社会主义核心价值观融入法治建设的各个环节。

法律的立、改、废、释，应以社会主义核心价值观为指导。2013 年 2 月 23 日，习近平总书记在十八届中央政治局第四次集体学习时指出，"人民群众对立法的期盼，已经不是有没有，而是好不好、管用不管用、能不能解决实际问题；不是什么法都能治国，不是什么法都能治好国；越是强调法治，越是要提高立法质量"①。良法的标准包括，体现自由、平等、公平、正义等价值，制约国家权力、尊重和保障人权。尽管中国特色社会主义法律体系基本建成，但还是有相当一部分领域的法律法规还不够完善。做好法律的立、改、废、释工作，应当做到始终坚持社会主义核心价值观的正确方向，把社会主义核

---

① 转引自李忠双：《充分把握民法典的三个主要特点》，《人民法院报》2020 年 7 月 3 日，第 7 版。

心价值观体现到法律文本之中，将核心价值观倡导要求上升为法律具体规定，形成有利于培育和践行社会主义核心价值观的法律保障。

法律的严格实施，要以社会主义核心价值观为重要遵循。公正司法是全面依法治国的生命线，要以社会主义核心价值观规范司法行为、加强司法监督，努力让人民群众在每一起司法案件中都能感受到公平正义，以公正的裁判引导社会公众遵守公序良俗和国家法律，形成全社会遵纪守法的良好风尚。在行政执法过程中，执法人员要转变执法观念，坚持"法无授权不可为"的原则，将执法工作建立在社会主义核心价值观的基础上，文明执法、和谐执法。要严肃处理和制裁各类违背社会主义核心价值观和法律法规的行为。

法治宣传教育要与社会主义核心价值观融会贯通，让社会主义核心价值观成为全民的真诚信仰。习近平总书记强调，"要利用各种时机和场合，形成有利于培育和弘扬社会主义核心价值观的生活情景和社会氛围，使核心价值观的影响像空气一样无所不在、无时不有"[①]。社会主义核心价值观要真正发挥作用，必须融入实际、融入生活，让人们在实践中感知、领悟、接受，直至成为人们的信仰。法律是人们在日常生活、生产、交往中反复实践的行为准则，通过对法律的遵守，可以提高公民的法律意识、权利意识、义务观念，将遵守法律和社会主义核心价值观内化为行动自觉。

（二）以法律手段正确引导社会价值判断

社会是一个纷繁复杂的关系系统，需要各类的法律、体制和机制等规范来调节和维系其有序运行。

第一，完善公民文明素质建设的相关法律、法规和制度。逐步将思想道德建设走向细则化、规范化和制度化，迫切需要把文明素质建设纳入国家法律体系的总体规划，出台一部文明建设和规范的基本法，把一些公民文明的道德准则和行为规范以法规的形式固定下来。同时，部分城市在文明建设中，要出台适合当地的、具有可操作性的文明行为促进条例等，促进文明行为养

---

① 《习近平谈治国理政》第一卷，外文出版社 2018 年版，第 165 页。

成和志愿服务的常态化，不断优化社会人文环境。

第二，扩大法律在道德领域的覆盖范围，特别是"见义勇为"等道德行为立法。当社会上有人处于危机或困境中时，法律要鼓励公民在自我保护的基础上向需要帮助的人伸出援手。为弘扬社会正气，倡导见义勇为精神，培育和践行社会主义核心价值观，公安部发布了《见义勇为人员奖励和保障条例（草案公开征求意见稿）》，从法规制度层面保障见义勇为和惩恶扬善行为。

（三）制定促进公民文明行为的法律制度

核心价值观是一个国家法律的灵魂和指导思想，核心价值观入法入规是实现良法善治的重要举措。

文明行为立法，是培育和践行社会主义核心价值观的现实需要。自党的十八大提出积极培育和践行社会主义核心价值观以来，中共中央多次发文，明确要求"要把社会主义核心价值观贯彻到依法治国、依法执政、依法行政实践中，落实到立法、执法、司法、普法和依法治理各个方面，用法律的权威来增强人们培育和践行社会主义核心价值观的自觉性"，强调"注重把社会主义核心价值观相关要求上升为具体法律规定，充分发挥法律的规范、引导、保障、促进作用，形成有利于培育和践行社会主义核心价值观的良好法治环境"，要求"发挥法治在解决道德领域突出问题中的作用，引导人们自觉履行法定义务、社会责任、家庭责任"。[①] 可见，通过制定文明行为促进条例，将社会主义核心价值观的相关要求上升为具有约束力和可操作性的法律规范体系，是对中共中央关于培育和践行社会主义核心价值观要求的具体落实，对形成社会主义核心价值观法制保障体系具有十分重要的现实意义。

文明行为立法，是精神文明建设法治化的现实需要。2018 年 5 月，中共中央《社会主义核心价值观融入法治建设立法修法规划》明确，"探索制定公民文明行为促进方面法律制度，引导和推动全民树立文明观念，推进移风易

---

① 《关于进一步把社会主义核心价值观融入法治建设的指导意见》，《人民日报》2016 年 12 月 25日，第 2 版。

俗，倡导文明新风"。加强精神文明建设，用法治思维、法治手段来同步推进，既是一种社会信仰，也是一种生活刚需。近年来，全国多地广泛开展创建全国绿化模范城市、中国优秀旅游城市、国家园林城市、国家卫生城市，城市环境、城市形象有了很大的改观，城市品质有了较大的提升。把文明城市创建工作取得的成功经验上升为地方性法规，通过立法加以固化，建立长效机制，对促进公民文明行为工作常态化、法治化、规范化非常有必要。

文明行为立法，是提高市民文明素质、提升社会文明水平的现实需要。近年来，公民文明素养与道德水平有了明显提高。但是，公民不文明现象仍然存在。因此，加强文明行为立法，出台一部综合性、系统化、内容全面的地方性法规，对倡导的文明行为和禁止的不文明行为等内容作出更为明确、更具可操作性的规定，具有十分重要的现实意义。

我国最早一部专门的文明促进立法是 2012 年通过的《深圳经济特区文明行为促进条例》，此后又有武汉市、青岛市、宁波市、贵州省、舟山市、兰州市、太原市、梧州市、西安市等地方相继制定了文明行为促进条例。近年来，随着社会主义核心价值观融入法治建设的持续推进，全国各地文明行为立法明显提速，甘肃省、广西壮族自治区、河北省、北京市、大连市、哈尔滨市、沈阳市、昆明市等地又制定了本地的文明行为促进条例，这是社会主义核心价值观入法入规的有益尝试，同时也是一种崭新的立法类型。

第 八 章

提高全社会文明程度

　　社会文明程度是社会心理状态、道德规范、精神面貌、文化水平等方面的综合体现，反映的是社会整体的文明进步状况，是衡量一个国家现代化水平的显著标志。提高全社会文明程度，属于社会主义精神文明建设的重要内容，是实现中华民族伟大复兴的内在要求和重要目标。提高全社会文明程度，既需要教育引导又依赖实践推动，既需要自我修养又需要榜样引领，特别体现在提高全民族思想道德水平、培育社会主义文明新风尚、注重发挥榜样作用三个方面。

一、提高全民族思想道德水平

　　国无德不兴，人无德不立。人民群众思想道德素质的高低，直接反映了社会的文明程度。加强思想道德建设，是发展社会主义先进文化的重要内容和中心环节。只有不断提高全民族思想道德水平，激发人们形成善良的道德意愿、道德情感，培育正确的道德判断和道德责任，提高道德实践能力特别是自觉践行能力，才能在全社会不断凝聚起向上向善的力量。党的二十大报告指出，要"实施公民道德建设工程，弘扬中华传统美德，加强家庭家教家风建设，加强和改进未成年人思想道德建设，推动明大德、守公德、严私德，提高人民道德水准和文明素养"[①]。

（一）深入实施公民道德建设工程

　　党的十八大以来，以习近平同志为核心的党中央高度重视公民道德建设，

---

　　①　习近平：《高举中国特色社会主义伟大旗帜 为全面建设社会主义现代化国家而团结奋斗——在中国共产党第二十次全国代表大会上的报告》，人民出版社 2022 年版，第 44 页。

作出一系列重要部署，推动全社会思想道德建设取得显著成效，推动人民群众的思想觉悟、道德水准、文明素养不断提升。2019 年 10 月，中共中央、国务院发布《新时代公民道德建设实施纲要》，系统阐释了实施新时代公民道德建设的总体要求、重点任务、实施要点等，为提高全社会道德水平提供了指导性文件。

深入实施公民道德建设工程，需抓好重点人群的道德建设。思想道德建设的对象是人。深入实施公民道德建设工程必须将培养担当民族复兴大任的时代新人作为重要职责，坚持以文化人、以文育人，做好党员干部、青少年、社会公众人物等重点群体的教育引导，合力提高公民道德素质。首先，着力加强党员干部的修身立德、做到以德服众。党员干部的道德状况是社会道德的标杆。大力推进党员干部道德建设，使其做到明大德、守公德、严私德，以德修身、以德立威、以德服众，在道德建设方面为全社会作出表率。其次，高度重视青少年群体的思想道德建设。加强和改进大学生思想政治工作，把立德树人作为中心环节，把思想政治工作贯穿教育教学全过程，遵循思想政治工作规律，遵循教书育人规律，遵循青少年学生的成长规律，不断提高工作能力和水平，实现全程育人、全方位育人。加强对以年轻人为主体的新市民和进城务工人员的服务管理与教育引导，使他们学习掌握适应现代城市生活的必要行为规范，及时了解他们的思想状况，关注他们的合理诉求，切实承担起对他们的管理和教育责任。最后，加强对社会公众人物的教育引导。从各方面对社会公众人物特别是演艺界人士加强教育，引导他们把德艺双馨作为人生追求。与此同时，公众人物自身需加强自律，自觉担当社会责任，把为人、做事统一起来，做到既赢得良好声誉，又展示高尚品格。

深入实施公民道德建设工程，需营造良好的环境氛围。一方面，需营造健康向上的社会舆论环境。舆论环境在公民道德建设中发挥着潜移默化的影响，正确的舆论能够引导社会主流价值观并彰显其影响力。特别是在信息网络时代，唯有做好微博、微信等新媒体平台的舆论引导，及时了解和掌握人民群众的思想动态和关心关切，及时回应诉求、解决问题，有效应对社会突发事件，及时澄清事实真相、发布党和政府主张，方能促使全社会形成良好的网络舆论环境，才能积极引导广大人民群众践行道德规范。另一方面，需着力营造公平规范的法治环境。坚持依法治国和以德治国相结合，把道德要求贯彻到法治建设中，进一步完善相关法律、政策和规章制度，充分体现社会公序良俗，把提倡与反对、引导与约束有机结合起来，把道德建设与法治建设紧密结合起来，充分发挥法治在弘扬正气、扬善惩恶中的重要作用，为公民道德建设提供有效法律支持和制度保障。

（二）弘扬中华传统美德

中华传统美德是中华文化的精髓，其沉淀着中华民族最深厚的精神追求，体现着人类文明中具有永恒价值的道德智慧。历经数千年演进，中华民族培育形成了独特而丰富的思想理念和道德规范，形成了代代传承的传统美德。比如讲仁爱、爱民本、守诚信、崇正义、尚和合、求大同等思想，自强不息、敬业乐群、扶正扬善、扶危济困、见义勇为、孝老爱亲等传统。在长期的历史演进中，中华传统美德始终发挥着重要作用，是我国社会稳定和谐的精神支柱，是中华民族生存发展的道德根基。进入新时代，习近平总书记强调指出："对先人传承下来的文化和道德规范，要在去粗取精、去伪存真的基础上，采取兼收并蓄的态度，坚持古为今用、推陈出新的方法，有鉴别地加以对待，有扬弃地予以继承。"[1] 惟有努力实现中华传统美德的创造性转化、创新性发展，才能不断提高人们道德水平，提升人们道德境界。

迈进新时代新征程，弘扬中华传统美德，须将其与我们党领导人民在长期革命和建设过程中形成的优良传统相结合，借鉴世界各国道德建设的成功经验和先进文明成果，通过学校教育、家庭教育和社会影响的有机结合，促进整个社会文明风尚和民族素质的不断提升。一方面，将中华传统美德融入国民教育全过程，落实到学校教育、家庭教育的各环节。"讲而习之于幼稚之时。"唯有深入挖掘中华传统美德的时代价值，不断加强青少年的传统美德教育，探索将其与青少年学生的日常行为规范、与日常教学相结合，才能让中

---

[1] 《习近平关于社会主义文化建设论述摘编》，中央文献出版社 2017 年版，第 139 页。

华传统美德在青少年心中扎根发芽、开花结果。同时，需结合时代特点和社会发展的要求，为中华传统美德不断注入新内容，不断探索教育落地的新形式，瞄准青少年的模糊认识，解开思想疙瘩，引导其扣好人生第一粒扣子。另一方面，需加大舆论宣传力度，丰富传播的载体平台及形式，营造浓厚的传承中华传统美德的社会舆论氛围。不断创新中华传统美德的传承方式，充分用好网络信息技术，创新使用社交媒体、短视频平台等载体。以影视剧、微视频、文学等群众喜闻乐见的方式让中华传统美德融入人们日常的生产生活，转化为人民群众日常的行为方式和习惯，使每一个人都成为传播中华传统美德的主体，在全社会形成崇德向善的文明风尚。充分用好图书馆、博物馆等公共资源，充分运用志愿服务、公益活动等体验式、交互式实践活动，充分发挥道德模范、劳动模范等先进榜样的示范引领作用，在弘扬中华传统美德上实现家庭、学校、社会的统筹发力、同频共振。

（三）推进社会公德、职业道德、家庭美德、个人品德建设

社会公德、职业道德、家庭美德、个人品德建设是社会道德建设的着力点，四者相互作用、相辅相成，共同构成辩证统一的道德整体。习近平总书记指出，"推进社会公德、职业道德、家庭美德、个人品德建设，激励人们向上向善、孝老爱亲，忠于祖国、忠于人民"①。提高全民族思想道德水平，必须构建完善的公民道德建设体系，着力推动社会公德、职业道德、家庭美德、个人品德建设协调发展。

社会公德作为公共生活中应该遵守的行为准则，涵盖了人与人、人与社会、人与自然之间的关系，在维护公共秩序方面发挥着重要作用。伴随着公共生活领域的不断扩大，人们相互交往日益频繁，公共道德在维护公众利益、维系公共秩序和保持社会稳定方面的作用更加突出。加强社会公德建设是每一个社会成员的责任。只有不断加强社会公共意识的培养，强化公共责任意

---

① 习近平：《决胜全面建成小康社会 夺取新时代中国特色社会主义伟大胜利——在中国共产党第十九次全国代表大会上的报告》，人民出版社 2017 年版，第 43 页。

识，遵守以文明礼貌、助人为乐、爱护公物、保护环境、遵纪守法为主要内容的社会公德，使其内化于心、外化于行，真正养成自觉遵守社会公德的良好行为习惯，才能根除个别人的"高铁霸座""高空抛物"等公德失范问题，才能共同创造和维护良好社会环境。

职业道德建设是社会分工发展和专业化程度提高的必然要求。在一定程度上，人们在职业活动中的道德状况，直接关系着各行各业乃至整个社会的道德状况，是国家文明程度的重要指标。进入新时代，我国不断完善有关职业道德建设的法规制度，出台《关于推进公务员职业道德建设工程的意见》《新时代高校教师职业行为十项准则》《中国新闻工作者职业道德准则》等一系列职业道德准则，大力倡导爱岗敬业、诚实守信、办事公道、服务群众和奉献社会的职业道德规范，大力弘扬劳模精神、劳动精神、工匠精神，树立辛勤劳动、诚实劳动、创造性劳动的理念，让劳动光荣、创造伟大成为铿锵的时代强音。

注重家庭、注重家教、注重家风，是中华民族的优良传统。习近平总书记强调："无论时代如何变化，无论经济社会如何发展，对一个社会来说，家庭的生活依托都不可替代，家庭的社会功能都不可替代，家庭的文明作用都不可替代。希望大家注重家庭、注重家教、注重家风。"[①] 加强新时代家庭美德建设，须始终注重从中华民族生生不息、薪火相传的精神中汲取力量，传承中华民族传统家庭美德，坚持马克思主义家庭伦理观，注重注入现代家庭文明观念，倡导爱国爱家、相亲相爱、向上向善、共建共享的家庭文明新风尚；须弘扬良好家风，推动践行以尊老爱幼、男女平等、夫妻和睦、勤俭持家、邻里互助为主要内容的家庭美德，发挥家长示范作用，营造良好家庭氛围；须推动新时代家庭美德理论研究创新，结合时代特点不断丰富家庭美德建设的内涵，加强舆论引导和实践创新，着力解决家庭建设中的重难点问题，提升群众参与度和建设质效。

---

① 《动员社会各界广泛参与家庭文明建设 推动形成社会主义家庭文明新风尚》，《人民日报》2016年12月13日，第1版。

社会公德、职业道德和家庭美德建设，最终都需落地到个人品德的养成与建设上。《礼记·大学》中就提出"修身齐家治国平天下"，强调在自身内省中提升个人道德修为。现代社会随着公共交往的日益增多，个人品德的重要性愈加突出。加强新时代公民道德建设，需着力践行爱国奉献、明理遵规、勤劳善良、宽厚正直、自强自律的个人品德，不断修身正心，以臻于至善之境。特别对于党员干部而言，在"严私德"方面应有更高的要求，不仅要涵养谦虚、善良、诚实、勤俭等普遍性的个人品德，更要自觉定位和清醒认识党员干部的身份，严格约束自己的操守行为，戒贪止欲、克己奉公，修好共产党人的"心学"。

二、培育社会主义文明新风尚

社会风尚是立足于社会价值观并外显社会意识的流行性群体行为，社会意识与社会行为的微妙性、复杂性决定了社会风尚生成与发展的多变与难控，进而决定了社会风尚培育的必要性。好的社会风尚可以陶冶、滋养人的道德情操，给人以积极向上的精神状态，而不良的观念和行为一旦形成风气，就会腐蚀社会的健康肌体。中国特色社会主义进入新时代，是非、善恶、美丑的界限绝对不能混淆，坚持什么、反对什么，倡导什么、抵制什么，都必须旗帜鲜明。当前，中国社会风尚总体呈良善状态，但局部问题也不容忽视，新时代背景下培育社会主义文明新风尚已成为国家治理现代化的重要目标之一。

（一）以文化发展举中国精神之旗，遏制不良社会风气

文化事业的健康繁荣是社会文明风尚的基本表现，也是优化社会风气的主要动力。我们要以文化事业的大发展大繁荣来凝聚中国人民的集体智慧与力量，生成具有中华民族特色的精神追求、精神特质和精神脉络，形成并高举中国精神之伟大旗帜，同错误价值观念和不良社会行为作斗争，以达到遏制和消除不良社会风气的目的。当前，我们面临着思想交锋、观念碰撞和文

化交融的现实境遇，思想道德与价值观念的多元化趋势加剧，导致一小部分人价值观腐朽、道德观堕落。习近平总书记指出，这些人"价值观缺失，观念没有善恶，行为没有底线，什么违反党纪国法的事情都敢干，什么缺德的勾当都敢做"①，这是社会风气问题难以根治的原因之一。因此要大力加强社会主义先进文化建设，以大量优秀文化作品对不良社会风气进行深刻揭露和激烈批判，促使人民进行反思性省察和理想化观照，提高人民对社会丑恶行为的认知与规避能力，引导人民同不良社会行为进行坚决斗争，从而有效地遏制和消除社会不良风气。把开展群众性精神文明创建活动作为提升国民素质和社会文明程度的有效途径，以实施文明创建工程为抓手，统筹推动文明培育、文明实践、文明创建，深化文明城市、文明村镇、文明单位、文明家庭、文明校园创建工作，推进城乡精神文明建设融合发展。大力加强农村精神文明建设，深入挖掘、继承、创新优秀传统乡土文化，弘扬新风正气，推进移风易俗，培育文明乡风、良好家风、淳朴民风，焕发乡村文明新气象。在全社会弘扬劳动精神、奋斗精神、奉献精神、创造精神、勤俭节约精神，培育时代新风新貌。加强国家科普能力建设，深化全民阅读活动。完善志愿服务制度和工作体系，广泛开展志愿服务关爱行动，使"我为人人、人人为我"在全社会蔚然成风。弘扬诚信文化，健全诚信建设长效机制。既重视发挥道德主体的自律作用，也重视法律规章的他律作用，将法律"禁于已然之后"的外部控制与道德"禁于已然之前"的内部约束结合起来，使社会风尚既能符合法律刚性化的"合法性"要求，又能满足道德柔性化的"德性化"期盼，进而达到以法律的公正来净化社会风气、以道德的善意来升华社会风尚之目的。

（二）以文化自信筑中国精神支柱，弘扬优良社会风尚

社会风尚是人类精神的外在表现，其变化与人类精神状况紧密关联。弘扬优良社会风尚，是为了让崇尚先进、学习典型蔚然成风，是为了让明礼诚

---

① 习近平：《在文艺工作座谈会上的讲话》，人民出版社 2015 年版，第 22 页。

信、遵纪守法成为自觉行动，是为了让传统美德、传统文化与新时代有机融合，提高全社会文明程度。文明风尚的养成，能丰富精神生活，能为我们营造良好的社会氛围，更快推进全面建设社会主义现代化国家奋斗目标的实现，提升群众的幸福感，这其中，需要我们多方发力，充分发挥人的主观能动性。习近平总书记曾援引鲁迅先生的观点——"文艺是国民精神所发的火光，同时也是引导国民精神的前途的灯火"，借以强调"要改造国人的精神世界，首推文艺"[1]。习近平总书记强调自信的文艺作品应该"用现实主义精神和浪漫主义情怀观照现实生活，用光明驱散黑暗，用美善战胜丑恶，让人们看到美好、看到希望、看到梦想就在前方"。[2] 文艺作为时代精神的艺术化展示，能有效把握社会生活价值现状，展现人们的道德水平与文明素质，在培育主体精神文明、塑造主体健全人格、弘扬社会主义新风尚等方面都有着不可估量的积极作用。

习近平总书记还强调，要"引导广大人民群众自觉践行社会主义核心价值观，树立良好道德风尚，争做社会主义道德的示范者、良好风尚的维护者"。[3] 我们只有以社会主义核心价值观为道德基石来推动社会风尚的文明化、良善化，发挥其在价值领域的示范引导作用，才能促进社会主义文明风尚的内生性成长。从广大人民群众的日常生活实际出发，使社会主义核心价值观以正确的社会行为呈现出来，帮助其形成对正确价值观的直观认知，让他们通过直接接触、辨别和选择具体行为，感知和体会承载正确价值观的行为社会合理性；帮助人们认知、理解抽象的社会价值理论及其历史意义，引导人们把握贯穿人类历史长河的社会运动规律，了解社会内在结构与功能，把握认知客体的普遍性规律与特殊性规律，使其形成正确的社会历史观；引导人们在认知社会客观规律的基础上，用科学价值观来指导和规范自身的情感、意志、思想、语言及行为。

---

① 习近平：《在文艺工作座谈会上的讲话》，人民出版社 2015 年版，第 6 页。
② 习近平：《在文艺工作座谈会上的讲话》，人民出版社 2015 年版，第 20 页。
③ 《习近平谈治国理政》第二卷，外文出版社 2017 年版，第 135 页。

（三）以文化成果建中国精神家园，厚植良善社会风尚

优秀文化成果不仅是滋养文明社会风尚的重要土壤，而且是传播和弘扬文明社会风尚的重要载体。党的十九大作出了中国社会的主要矛盾已经转化为"人民日益增长的美好生活需要和不平衡不充分的发展之间的矛盾"的重大论断，这无疑强调了新时代对文化事业提出了更高的品质要求，揭示了文化事业发展必须主动适应我国主要矛盾变化的新形势，以更好地满足人民对优秀文化成果的美好需求。因此，习近平总书记特别强调"我国作家艺术家应该成为时代风气的先觉者、先行者、先倡者，通过更多有筋骨、有道德、有温度的文艺作品，书写和记录人民的伟大实践、时代的进步要求，彰显信仰之美、崇高之美"[①]。培育社会主义文明新风尚必须以优秀的文艺作品从精神上鼓舞民心、凝聚共识、催人奋进，在道德上感化人民、润人灵魂、沁人心脾，在思想上触人深思、引人共鸣、敦化民风。文艺事业发展还须勇于克服市场经济浪潮中出现的种种价值迷失、精神堕落、道德腐化等怪象，克服社会转型中出现的浮躁不堪的低俗文化、粗制滥造的媚俗文化、急功近利的庸俗文化。

优秀文化成果是一个国家民族精神与时代精神的艺术化结晶。因此，文艺事业要高举中国特色社会主义伟大旗帜，认真书写社会主义建设的伟大斗争，热情讴歌社会主义建设的伟大事业，"同国家和民族紧紧维系、休戚与共"，"与时代同频共振"，"发时代之先声、开社会之先风、启智慧之先河，成为时代变迁和社会变革的先导"。[②]文艺事业发展要坚持以人为本，从人民的实际生活和美好愿望出发；要坚持实事求是，从社会主义初级阶段的基本国情出发；要坚持独立自主、务实创新，从弘扬以爱国主义为核心的民族精神和以改革创新为核心的时代精神出发，传续民族命脉，紧握时代脉搏，创造出"更多传播当代中国价值观念、体现中华文化精神、反映中国人审美追求，思想性、

---

① 习近平:《在文艺工作座谈会上的讲话》，人民出版社 2015 年版，第 6 页。
② 《习近平谈治国理政》第二卷，外文出版社 2017 年版，第 350 页。

艺术性、观赏性有机统一的优秀作品"①。由这些优秀作品汇聚成的价值内涵正确、道德意蕴向上的中国精神家园，是传播中国社会主义核心价值观的主要阵地，是弘扬社会主义文明新风尚的核心渠道，将为社会主义文明新风尚的进一步升华提供源源不断的精神养料。

三、注重发挥榜样力量

中国特色社会主义进入新时代，习近平总书记指出："伟大时代呼唤伟大精神，崇高事业需要榜样引领。"② 榜样内蕴着中华民族传统美德、优秀品质和先进思想，能够行之有效地焕发人民的思想认同和情感共鸣。全社会的主流价值只有在"榜样力量"的支撑下才能更加生动、具象，才有无声的穿透力、无形的感召力。发挥榜样力量旨在通过对榜样人物事迹的感知和理解，引导人们在思想作风、言谈举止等方面效仿榜样人物，自觉将其中所蕴含的思想观念和价值取向内化为自身的理论自觉和行动指南。对于推进精神文明建设，对于涵养精神文明建设的道德根基，指导精神文明建设的生动实践，具有十分重要的理论意义和实践价值。其中，党员干部和榜样人物，凭借自身的鲜明特点和独特优势成为精神文明的鲜活体现和实践形态。正如习近平总书记所指出的："榜样的力量是无穷的。"③ 通过党员示范和榜样激励，能够有效激发民众的情感体验、塑造民众的思想观念和引导民众的社会行为，进而使精神文明建设变得更具感染力、说服力和影响力。

（一）发挥党员干部示范作用

对于多数普通民众而言，党员干部就是马克思主义的人格化身，他们的言谈举止很大程度上影响着人们对社会主义精神文明的接受认同。新中国成立初期，"中国共产党党员"在人们心目中就是神圣和光荣的称号，精神文明

---

① 习近平：《在文艺工作座谈会上的讲话》，人民出版社 2015 年版，第 7 页。

② 《习近平谈治国理政》第一卷，外文出版社 2018 年版，第 159 页。

③ 《习近平关于社会主义文化建设论述摘编》，中央文献出版社 2017 年版，第 108 页。

的建构"主要是借助党在民主革命时期的权威和共产党人的榜样力量以及领袖人物的个人魅力等政治性权威来完成的"①。随着社会转型和利益分化，部分党员干部的作风问题严重败坏了党的形象，伤害了人们的感情，成为冲击社会主义精神文明的极大障碍。党的十八大以来，以习近平同志为核心的党中央坚持以人民为中心的根本立场，强调"党性和人民性从来都是一致的、统一的"②，高度重视党内意识形态的审查管理和腐败问题的整治清理，极大地提高广大民众对党员干部的认同信任。

新时代的伟大实践中，首先，要增强党员的身份自觉意识。随着经济社会发展，部分党员出现党员意识淡漠问题，有的忽视党员的职责担当，有的惯以职务身份自居，更有甚者长期游离于党组织之外，对党内政治生活漠不关心。为此，必须抓好党性教育，不断提升广大党员的身份感、责任感，激发其内心积极的、自发的归属感、荣誉感，并使其树立正确的是非观、义利观、权力观、事业观，进而在与群众的密切联系中自觉彰显党员的先锋模范作用。其次，要提升党员的理论素养水平。作为马克思主义大众化的引领者，党员自身首先必须是马克思主义的坚定信仰者。然而，当前党员队伍中存在着不同程度的信仰缺失现象，表现为有的不求甚解、不感兴趣，有的略懂皮毛、词不达意，有的照本宣科、教条执行，甚至有的讽刺质疑、妄加否定。为此，必须抓好理想信念教育，通过布置学习培训任务、开展主题教育、鼓励监督党员自学等途径，使广大党员深入学习理论知识，增强政治理论素养。广大党员还要坚持学用结合，善于发现意识形态领域出现的不良苗头，对待错误思潮和错误观点要敢于亮剑、敢于斗争，从而及时消除偏见误解、增进群众认同。最后，要树立党员的良好作风形象。随着市场经济的发展，少数党员禁不住利益诱惑，出现言行不一、作风不正甚至以权谋私、腐化堕落等现象。为此，必须严明党的政治纪律和政治规矩，大力开展廉政警示教育，建立健全制度约束机制，不断提升党员干部的拒腐防变能力，并教育引导其培育和

---

① 孔德永：《当代我国主流意识形态认同建构的有效途径》，《马克思主义研究》2012 年第 6 期。
② 《习近平谈治国理政》第一卷，外文出版社 2018 年版，第 154 页。

践行社会主义核心价值观，重品行、作表率，从而以优良的党风政风凝聚民心、增进认同。

（二）发挥榜样人物激励作用

作为时代先锋和社会楷模，榜样以其自身具有的先进思想、优良品行和良好形象，生动体现着社会主流的思想观念、价值观点和道德规范。进入新时代，社会各阶层、各领域人群中不断涌现出各式各样的榜样人物，我们应着力把道德模范的榜样力量转化为亿万群众的生动实践。

具体来说，首先，要做好榜样的挖掘。面对个体主体意识的增强和移动网络的兴起，榜样的选树要避免模式化和程序化，要注重发挥社会公众在道德判断和价值评判中的主体作用。要在坚持社会主义核心价值观的指导下，在坚持先进性和时代性的前提下，通过职业竞赛、民主评议、网络选举等多种途径，推进榜样类型的时代化、个性化、多样化、层次化，从而为不同群体提供不同价值目标、不同行为准则的方向标杆。一方面，先进性是指榜样应当具备较为高尚的精神品质和人格魅力，能够代表和反映整个社会价值取向和发展方向。榜样是引导整个社会进步、民族团结、国家兴旺、共同前进的强大动力，是一个民族思想文化和精神世界的综合反映。榜样人物的选树应当始终坚持以先进性为导向，选取最能反映社会进程的典型人物。另一方面，时代性是指榜样文化中榜样人物和先进典型事迹都是基于特定历史背景和社会发展的产物，其所蕴含的思想观念和行为选择在一定程度上体现了所处时代的价值需求和发展方向，根植于特定的时代背景和社会需求。即便他们身处不同的社会发展阶段，投身的领域有所差别，先进事迹中的方式方法各有特色，但是其所蕴含的精神品质和价值取向却是统一的，都鲜活而深刻地反映着人民的价值追求，彰显着时代的精神特质，指明着社会的发展方向。任何时代都需要有代表自己时代精神的榜样，榜样往往反映了一个时代的需求和前进方向，体现了一代共产党人和人民群众的价值追求。

其次，要做好榜样的塑造。随着人们的价值观念从注重集体向关注个体转变，传统过于"高大上"的榜样形象缺乏感召力和可学性，使人可望而不可即，以致采取疏离、排斥的心态。为此，榜样的塑造要避免完美化和精英化，在坚持多样性和真实性的基础上，展示优秀品质和感人事迹的基础上，注重呈现情感世界和心路历程，从而塑造出真实自然且打动人心的榜样形象。一方面，多样性是指榜样文化的覆盖面极广，不同程度、不同类型、不同领域的榜样人物，能够密切契合社会成员的多样价值选择和追求。另一方面，真实性是指不能过分拔高榜样的精神特质，也不刻意掩饰其缺点，将榜样人物及其事迹客观实在、实事求是地向社会大众传播宣传，使得榜样更加可亲可敬，更具有公信力和说服力。英雄模范根植于民间的土壤，英雄形象平凡而伟大、真实而生动，更能使广大人民群众信服，也更能带动新时代的每个人把握人生出彩的机会。习近平总书记点赞坚守孤岛、为国成海的人民楷模王继才，太行山上的新愚公李保国，甘愿用生命守护莫高窟的敦煌女儿樊锦诗，为贫困山区教育事业奉献一切的张桂梅，带领村民在悬崖上开凿生命之渠的黄大发，中国好人黄山风景区环卫工李培生、胡晓春等，强调发挥平凡榜样的带动作用，引领更多人在平凡岗位上绽放光芒。

最后，要做好榜样的宣传。要充分利用现代大众传播媒介构建全方位、多角度、立体式的榜样宣传平台，通过动情细腻的讲述、引人入胜的情景，拉近普通民众与榜样人物之间的心理距离，进而激发其对榜样人物的情感共鸣和价值认同。各级各类传统媒体应当认清榜样文化的时代价值以及当代精神文明建设所面临的时代境遇，努力将榜样文化中的先进典型及真实事迹贯穿到日常报道活动中，形成有利于精神文明建设的舆论强势。

（三）健全制度体系和保障机制

党的十八大以来，以习近平同志为核心的党中央站在战略的高度，尊崇英雄楷模、致敬英烈，先后实施了一系列开创性、突破性、示范性举措，逐步健全了功勋荣誉表彰制度体系，充分发挥功勋荣誉表彰的示范引领作用，推动全社会敬仰英雄、学习英雄榜样，形成新时代英雄辈出的生动局面。近年来，中共中央印发《关于建立健全党和国家功勋荣誉表彰制度的意见》作为指导性文件，全国人大常委会等制定《中华人民共和国国家勋章和国家荣誉称号法》等一并实施。我国已建立起完整的功勋荣誉表彰制度体系，具体如下：一是勋章，是党、国家、军队的至高荣誉，已设立共和国勋章、七一勋章、八一勋章、友谊勋章。二是国家荣誉称号，一般冠以人民等称谓，例如人民科学家、人民教育家、人民艺术家、人民英雄、人民楷模等。三是表彰奖励，分为国家级表彰奖励、部门和地方表彰奖励，如全国道德模范、全国五一劳动奖章、中国青年五四奖章、国家科学技术奖等。四是纪念章，不属于表彰而是一种荣誉性的纪念，重在精神鼓励。

此外，道德行为应当得到全面、充分的保障。保障榜样的正当合法权益，健全权益保障机制是助推精神文明建设的制度保障。而健全权益保障机制以助推精神文明建设必然借助于一定政策法规的保障，它是精神文明建设得以稳步推进的一个重要载体，榜样文化在政策法规保障中得到了补充和完善，同时，榜样文化也在实施的过程中发现问题、解决问题。两者相互补充，相辅相成。首先，应当建立相应的法律保障体系。榜样内驱力向外驱力转化的过程中，道德支撑和法律保障不可缺失，建立相关法律保障体系得以助推精神文明建设。其次，建立健全奖励制度。给予榜样人物、榜样行为相应的物质奖励和精神激励，加大帮扶力度，激励社会成员效仿榜样行为，推动社会正向效应的形成。

第九章

繁荣发展文化事业和文化产业

进入新时代，中国特色社会主义伟大事业取得举世瞩目的发展成就，人民群众消费需求也发生了重大变化，文化消费需求大幅增长，文化消费水平和文化产品消费的比例不断提高。这是中国特色社会主义文化发展面临的基本形势，是社会主要矛盾变化在文化建设领域的集中反映。面对新情况新问题，党和政府加大了文化建设力度，深化文化生产供给侧结构性改革，文化生产力和服务水平不断提升，但文化产品供给处于"战略性短缺"的现状仍未根本改变，迫切要求把文化事业和文化产业统一起来，一手抓公益性文化事业，一手抓经营性文化产业，促进文化事业全面繁荣和文化产业快速发展。

一、推动文化事业发展，满足人民群众的文化需要

中国特色社会主义进入新时代，人民群众对美好生活产生了新的期待，要求文化生产能够提供更丰富的精神食粮。满足人民群众基本文化需求，保障人民群众基本文化权益是社会主义文化建设的基本任务。加强公共文化服务是保障人民群众基本文化权益，满足人民群众文化需要的主要途径。根据文化和旅游部《"十四五"文化和旅游发展规划》的战略部署，坚持政府主导、社会参与、重心下移、共建共享，优化城乡文化资源配置，统筹加强公共文化设施软硬件建设，创新实施文化惠民工程，不断完善覆盖城乡、便捷高效、保基本、促公平的现代公共文化服务体系，提高公共文化服务的覆盖面和实效性。

（一）健全现代公共文化服务体系

我国经济社会发展城乡差别、区域差别的情况还比较明显，公共文化服务体系建设涉及面广、各地情况千差万别，需要加强统筹、科学规划、整体

推进、提高效益。

第一，加强科学统筹，科学布局推进。2022年以来，党和政府高度重视公共文化服务体系建设，大力推进重点文化惠民工程，文化民生得到更好保障和改善。文化和旅游部《2022年文化和旅游发展统计公报》数据显示，2022年末，全国共有艺术表演团体19739个，公共图书馆3303个，群众文化机构45623个。[①] 但是，公共文化资源配置不够合理，资源分散，同时存在多个部门各自投入，造成资源浪费、低水平重复建设的现象，区域、城乡发展不均衡现象也十分突出。公共文化设施网络还不健全，农村地区，老少边穷地区文化设施建设比较薄弱。公共文化服务体系要有效运转、真正惠及群众，必须加强跨部门统筹协调，建立健全公共文化服务指标体系和考核评价办法，科学布局、合力推进。

第二，完善协调机制，集中解决问题。按中央部署，由文旅部牵头建立公共文化服务体系统筹协调机制。在这方面，统一制定规划，明确各部门职责分工，搭建公共文化综合服务平台和供需对接平台。同时，明确中央和各级政府的事权责任，研究解决基层公共文化机构设置、人员编制等问题；要完善公共文化服务投入和保障机制，为公共文化服务提供有力的财政支撑。随着中国财力的增强，文化事业费用投入不断增加，为公共文化服务体系建设提供了有力的资金保障。在中央财政的引导和带动下，各地要努力加大文化事业费用投入力度，积极探索社会资本参与公共文化服务体系建设的途径和方式。一是通过财政预算为公共文化设施建设和活动经费提供充分保障；二是设立文化发展基金；三是以政府补贴的方式增强基层文化设施建设能力；四是通过多级投入的方式，实现经费分担；五是积极引导社会资金进入公共文化服务领域。

第三，搞好资源整合，提升建设效益。统筹市、区、街道（社区）和县、乡、村这两个三级公共文化设施建设，整合基层宣传文化、党员教育、科学普及、体育健身等设施，推动建设综合性文化服务中心，实现资源整合、共建共享，

---

① http://www.gov.cn/xinwen/2021-07/05/content_5622568.htm.

提高公共文化设施的综合利用水平，发挥其最大服务效益。在传统的文化服务体系中，物质载体在很大程度上由基层文化服务站来承担。面临新时代新任务，传统的基层文化服务站难以适应人民群众日益多样性的文化需求，打造综合性文化服务中心势在必行。地方党委、政府要充分发挥主导作用，突破体制障碍，盘活文化资源，加强共建共享，推动区域内文化、教育、科技、体育和职工、青少年、妇女儿童、老年活动场所的综合利用，建设一批公共文化服务体系建设示范区。大力提升公共文化服务的实用性便利性，完善设施、丰富内容、改进方式，推动公共文化服务与群众需求之间有效对接，确保公共文化服务体系既"建得成"又"用得好"。

（二）促进公共文化服务标准化、均等化

在一定意义上可以说，公共文化服务标准化指向基本公共文化服务的实践操作层面，强调其供给的专业性和规范性，影响的是效率；均等化指向基本公共文化服务的价值层面，强调其公正性和均衡性，影响的是国家文化软实力在不同区域之间、城乡之间以及不同阶层之间的效果。

促进基本公共文化服务标准化、均等化，是在国土辽阔而文化事业发展不均衡、文化资源丰富而开发挖掘不够、文化生产力大幅增长而仍难以完全满足人民群众日益增长的文化需求这个文化国情下，探索解放和发展中国文化生产力的有力抓手，贯穿于涵盖创建公共文化服务建设协调机制、统筹建设服务设施网络等内容的构建现代公共文化服务体系过程之中。[①] 在现阶段，搞覆盖全社会的公共文化服务体系，只能是广覆盖、低水平，不可能全部满足人民群众的精神文化需求，只能在现有基础上保障基本文化权益、满足基本文化需求，体现公平正义的原则。

标准化有三个重要因素：一是基本权益的确定，要确定在全国范围内给公民提供的基本文化权益有哪些；二是提升公共文化服务的能力，各级文化机构

---

① 全国干部培训教材编审指导委员会：《推动社会主义文化繁荣兴盛》，人民出版社、党建读物出版社 2019 年版，第 153 页。

应该具备什么样的能力，提供哪些服务；三是合理机制和实现手段，就是通过什么样的措施和手段才能实现确定的标准。标准化的主要内容是制定服务种类、保障的标准，场地的设施、人均资源配置、服务半径，以及实现这些保障的单位的人员编制、经费投入责任等一系列标准。还要结合国情实际，研究提出国家基本公共文化服务的标准，确定基本公共文化服务的范围程度以及各级政府的保障责任，作为"底线标准"。另外，还要制定服务的管理和服务的技术标准、评价的标准、考核的标准，建立一整套健全的公共文化服务体系监督和评价机制。

均等化不仅是指结果的均等化，更是强调机会和参与过程的均等化。公共文化服务的均等化主要通过城乡均等和身份均等两个方面得以实现。在城乡均等方面，要切实解决城乡共享文化发展成果的问题，努力弥补农村文化建设的历史欠账，使文化资源在城乡之间均衡布局、合理配置，推动城乡文化全面协调可持续发展。研究制定公共文化服务城乡一体化的相关政策，通过研究制定公共文化服务城乡一体化的相关政策，通过流动服务、数字文化服务等方式，促进公共文化服务重心下移；通过增加专项资金、转移支付等手段，增加对中西部地区、民族地区、边疆地区、革命老区文化设施建设和文化惠民工程的专项补助，促进公共文化资源在城乡之间的合理配置。在身份均等方面，要高度重视和保护社会特殊群体的文化权益，始终关注社会各阶层、群体，并向农村留守儿童、空巢老人、城市低保户、进城务工人员、下岗失业人员、低收入人群、残障人群等特殊群体倾斜，通过政府补贴、发放文化消费券等措施，提高公共文化供给能力。

无论是标准化还是均等化，关键在于政府要构建相关的制度基础和实现机制。一是完善公共财政体制，形成对公共文化事业投入的稳定增长机制，以财力的均等化推动资源配置的均等化，最终实现服务的均等化。资金投入不足一直是制约公共文化服务体系建设的根本原因，因此必须从根本上解决公共文化服务资金投入不足问题，以财力重心下移为重点完善公共财政投入机制，加大中央政府财政转移支付力度和省向县一级的财政转移支付力度，建立贫困地区公共文化财政保障制度。二是建立城乡统一的公共文化服务体制。出台和规范中央政府与地方基层政府的公共文化服务问责机制，通过服务型政府建设和地方治理的完善，实现文化领域公共资源配置的重点由城市向农村倾斜、由重视农村基础设施建设向基本公共文化服务的转变，这需要从根本上统筹城乡文化发展政策，强化基本公共文化服务的政策基础。三是创新公共文化服务的组织基础和人才队伍建设。政府要鼓励建立社团组织，形成政府主导下的多元化的公共文化服务组织基础。各级政府必须切实履行社会管理职能，改进文化服务方式，加强组织协调，在公共文化供给领域建立起完备的政府服务和调控机制，充分发挥各种社会团体、行业协会、中介机构等社会组织的作用。要有效推进文化事业单位改革，优化结构，提高效率。要建立完善的公共文化服务体系，必须建设一支包括阵地管理员、文化辅导员、文化活动骨干、文化经营者在内的高素质专兼职结合的文化事业从业人员队伍，增强文化建设活力。四是构建以人民需求为导向的公共文化服务供给制度。建立以公共文化服务需求为导向的表达机制，给人民充分的民主权利。要建立由人民内部需求决定公共文化服务供给机制，使人民可以完全行使公共决策的参与权。五是增强基层政府提供基本公共文化服务的能力。加强基层服务型政府建设，突出基层政府的公共文化服务职能定位。以管理能力提升推动资源配置和使用效率提升，最终实现服务效能提升。健全基层政府公共文化服务绩效管理和评估体系，激励各级政府将基本公共文化服务标准化、均等化改革政策落实到位。

（三）深化公益性文化事业单位改革

大力发展公益性文化事业，发展面向现代化、面向世界、面向未来的，民族的科学的大众的社会主义文化，是建设社会主义文化强国的重要内容。在党和政府的高度重视下，公益性文化事业在人民生活中发挥着日益重要的作用，但公益性文化事业单位改革面临的困难依然很多，要按照国家分类推进事业单位改革的总体要求，与文化体制改革、政府机构改革和职能转变相衔接。

反馈互动提升服务质效。公益性文化事业单位是公益文化产品或服务的提供者，在这个过程中占据着主导地位，而接受者往往处于较为被动的状态，其个体化差异需求很难得到尊重与满足。公益性文化事业单位应当在考虑受众需求、提供多样化服务方面多下功夫，在形成品牌特色和专业化发展的同时，适当通过回访、问卷调查等形式了解自己目前在接受者心中的形象，收集意见建议等，让接受者有更多表达意见和选择的机会，从而增强接受者的认同感与获得感。

双轮驱动助推发展动力。一方面，公益性文化事业单位要提高市场化自我生存能力。目前很多公益性文化事业单位采用了与公益活动分开的商业模式，间接进行商业化运作，这在其可持续发展中发挥重要作用。但是，不能因此将工作重心转移到商业运作上，必须牢牢坚持把社会效益放在首位、社会效益和经济效益相统一的原则不动摇。另一方面，把提供文化服务和提升受众文化素养结合起来。例如，图书馆在提供借阅、浏览服务的同时，也可以帮助受众提升科技和信息素养。美术馆、文化馆等在举办公益展览、名家讲堂的时候，除了分享作品本身，还可以教授一些基本创作、装裱技巧等，提高受众的主动性和参与度，从而激发公益性文化事业单位的发展动力。

合理竞争促进健康发展。公共文化资源是有限的，因而不同的公益模式、公益性文化事业单位之间存在竞争关系。而良好的竞争机制能够促进不同机构和单位之间的良性竞争，从而提升其整体质量。随着人民美好生活需要的日益增长，公益性文化事业单位的竞争慢慢从较为单一的资金、物质等资源转移到了公众注意力资源上。因而文化部门可以对以社会投资为主的公益性文化事业进行定期的考核评比，对表现优秀的单位和机构给予更多的资金支持以及精神奖励。举办以政府主导或是社会力量支持的各种文创评选、项目评比、招标竞争等活动，激励公益性文化事业单位积极参与，推进我国公益性文化事业繁荣发展。

（四）推动公共文化服务社会化发展

公共文化服务由政府主导，不等于由政府"包办"，政府不是唯一的提供主体。这就要求我们通过政策引导、法治保障等多种手段，充分调动社会力量参与公共文化服务体系建设，不断完善多元互动供给格局。[①]着眼目前公共文化服务投入方式不完善、资源使用效率不高的实际情况，通过发挥社会和市场的力量，形成政府主导、社会积极参与的良好发展局面。引导和鼓励社会力量通过兴办实体、资助项目、赞助活动、提供设施等形式参与公共文化服务，培育文化非营利组织，形成以政府为主、社会力量积极参与的公共文化服务投入机制。

鼓励社会力量参与公共文化服务。推动参与主体多元化，充分运用政治、经济、法律和舆论各种手段调动广大人民群众的积极性，鼓励社会力量、社会资本参与提供公共文化服务。构建平等准入的环境，完善相关政策，放宽"准入门槛"，提供相关的制度和法律保障，让"民办"文化公益机构在财税、人事、职称等方面享受平等待遇。积极推进文化市场的开放，在确定政府主体地位和主导作用的同时，凡法律未禁止的公共文化服务领域，都应对社会民间资本放开；一些公共文化服务通过公开招标、合同、特许或建立公私合作伙伴等方式让渡给市场主体经营；通过减税、免税、财政补贴和财政转移支付等多种方式鼓励社会组织参与公共文化服务的供给。建立"政府主导、社会参与、机制灵活、政策激励"的公共文化服务供给模式，以政府购买、项目补贴、定向资助、贷款贴息、税收减免等政策措施，引导社会力量有序参与公共文化服务。

支持社区作为公共文化服务体系建设的重要载体。把社区作为公共文化服务网络建设的重要载体，发挥其距离需求方最近、最能反映真实需求、能将服务传递到基层的优势，把社区公共文化服务做实、做大、做强。强化城镇社区的公共文化职能，加大对社区公共文化服务的投入力度，将文化站网络覆盖城镇社区；赋予社区文化站比较大的独立性和经营自主权，搞活社区文化体制，整合基层文化资源，广泛吸引社会资金投入社区公共文化服务体系建设中；鼓励社区改变运行机制，调动工作人员积极性，采取多种方式，提

---

① 全国干部培训教材编审指导委员会：《推动社会主义文化繁荣兴盛》，人民出版社、党建读物出版社 2019 年版，第 157 页。

供多样化的公共文化服务。加强基层公共文化服务人才队伍建设，从基层公共文化服务的现实情况出发，以社区为载体组建一支社会化的人才队伍，吸引一批热心于公益性文化和社会民间文化的爱好者，建立一支社会广泛参与、稳定的公共文化服务队伍。

二、推动文化产业成为国民经济支柱性产业

在中国的政治体制下，文化产业的提出是具有中国特色的，是中国在文化管理方面的一个创新和探索，是随着文化体制改革而逐渐兴起的新兴产业。发端于 2003 年的文化体制改革，区分了公益性文化事业和经营性文化产业，在 20 年的时间里，文化产业从无到有、从小到大、从自发到自觉、从局部到全局。随着社会主义市场经济体制不断完善，无论是文化资源配置，还是文化产品生产、传播和消费，都越来越离不开市场。构建统一开放、竞争有序的现代文化市场体系，成为在社会主义市场经济基础上进行文化改革发展的重要内容和决定性因素。

（一）增强文化市场主体竞争力

文化企业是文化发展的市场主体。建立健全现代文化市场体系，必须重视文化市场在配置文化产业资源中的作用。要按照完善文化市场准入和退出机制的要求，打破壁垒、消除障碍，鼓励各类市场主体公平竞争、优胜劣汰，促进文化资源在全国范围内流动，通过有效配置资源提升资源使用效益，进而提高文化产业市场竞争力。

培育合格文化市场主体。继续推进经营性文化单位转企改制，形成符合现代企业制度要求、体现文化企业特点的资产组织形式和经营管理模式，切实提高导向把控、资本运作和市场经营能力。要推动国有文艺院团转企改制工作规范到位，加大对转企院团扶持政策的落实力度。以加快建立产权清晰、权责明确、政企分开、管理科学的现代企业制度为重点，按照创新体制、转换机制、面向市场、壮大实力的要求，拓展出版、发行、影视、一般国有文

艺院团改革成果，推动已转制文化企业完善法人治理结构，不断提高国有文化企业自主经营、自我创新水平。把转企改制与推动报刊资源、报刊结构调整结合起来。建立健全报刊准入和退出机制，继续稳步推进非时政类报刊出版单位改革。积极推进重点新闻网站转企改制，借鉴商业网站经营方式，不断提高竞争力、扩大影响力。要大力培育一批核心竞争力强的国有文化市场主体，支持国有文化企业面向资本市场融资，彻底转换机制，壮大自身实力。

推动文化产业结构战略性调整。继续推进国有经营性文化单位转企改制，提高文化产业规模化、集约化、专业化水平，促使文化企业迸发创造力，形成竞争力。以国有骨干文化企业为主体，主导和引领文化市场，是发展社会主义先进文化的根本要求。要把国有经营性文化单位转企改制与文化科技创新结合起来，完善国有文化企业科技创新体系，提升企业数字生产能力，使国有文化企业成为文化科技创新的先导力量；与文化"走出去"战略结合起来，创新国有文化企业"走出去"模式，构建产品输出和资本输出双轮驱动的"走出去"新格局，使国有文化企业成为推动中华文化走向世界的中坚力量；与资源整合、结构调整、做大做强结合起来，打破区域限制和行业壁垒，鼓励有实力的文化企业以资本为纽带，实行跨地区、跨行业、跨所有制兼并重组，使之尽快成为文化产业发展的中坚力量和文化领域的战略投资者，推动文化资源和要素向优质文化企业、优势文化产业集聚，形成一批核心竞争力强的骨干文化企业。选择大批主业突出、拥有自主知识产权和文化创新能力、核心竞争力强、成长性好的综合性文化企业集团，加大政策、资源、项目、资金等方面扶持力度，尽快做大做优做强，增强控制力和影响力，使之成为文化市场的主导力量。要在国家许可范围内引导社会资本以多种形式投资文化产业，参与国有经营性文化单位转企改制，参与重大文化产业项目实施和文化产业园区建设，发展专、精、特、新的中小文化企业。要健全以企业为主体、市场为导向、产学研相结合的文化技术创新体系，推进文化科技创新，改造提升传统文化产业，培育发展新型文化业态。

增强国有公益性文化单位活力。国有公益性文化单位是文化建设的重要力量，承担着向公众提供公共文化产品和服务的重要职能。着眼于突出公益属性、强化服务功能、增强发展活力，深化国有公益性文化单位劳动人事、收入分配、社会保障等内部制度改革，加强绩效评估考核，努力形成责任明确、行为规范、富有效率、服务优良的公共文化服务运行机制。要推动党报党刊、广播电视台进一步完善管理和运行机制，推动一般时政类报刊社、公益性出版社、代表民族特色和国家水准的文艺院团等事业单位实行企业化管理，增强面向市场、面向群众提供服务的能力。要创新公共文化服务设施运行机制，引导社会力量广泛参与，逐步实现公共文化服务提供主体多元化和提供方式社会化。

（二）建立多层次文化产品和要素市场

多层次文化产品和要素市场，是现代文化市场体系的有机组成部分，是现代文化市场体系顺畅运行的基础条件。随着社会主义市场经济深入发展，文化产品和要素市场初步形成，非公有制经济进入文化产业的步伐加快，文化产品的供给能力有了很大提高，但仍不能满足市场需求，目前文化产品和服务的供需矛盾仍然突出，文化要素流动仍然不畅，文化产品和要素市场建设仍需进一步加强。

加强文化产品市场建设。进一步提高供给能力，发展图书报刊、电子音像制品、演出娱乐、电影电视剧等传统文化产品市场，建设以网络为载体的新兴文化产品市场，培育大众文化消费市场，开拓农村文化市场。要在坚持出版权、播出权特许经营前提下，允许制作和出版、制作和播出分开，鼓励文化企业不断丰富和创新文化产品和服务。继续打造综合性、专项性、区域性文化产品和服务交易平台，拓展文化产品和服务消费领域。要打破地域和行业界限，加快建设一批大型现代文化流通企业和若干国家级文化产品物流基地，构建以大城市为中心、中小城市相配套，贯通城乡的文化产品流通网络，努力实现文化产品低成本、高效率流通和配送。

加强文化生产要素市场建设。文化产品市场和文化生产所必需的要素交易市场，是文化市场发展的基础性条件。目前的文化要素市场，相对于经济要素市场明显滞后。在发展资本、人才、技术等要素市场的同时，尤其要加快培育产权、版权、信息等要素市场，打造以博览和交易为核心的综合市场平台，建立健全文化资产评估体系和文化产权交易体系。[①] 办好重点文化产权交易所，规范文化资产和艺术品交易。发展连锁经营、物流配送、电子商务等现代流通组织和流通形式，打破文化生产要素市场分割，健全网络流通，促进文化产品和生产要素在全国范围内合理流动。推进文化资本市场建设，促进金融资本、社会资本与文化资源有效对接，充分利用国内外多层次资本市场解决文化企业融资难问题。充分发挥投资拉动作用，鼓励引导各类社会资本投入文化产业，培育文化产业领域战略投资者。鼓励风险投资基金、私募股权基金等积极进入新型文化业态。推进文化产权市场建设，加强对文化产权交易的管理，加快制定完善著作权、企业品牌等无形资产评估、登记、质押、投资、托管、流转、变现等管理办法，鼓励和支持文化企业依法进行股权、版权、商标、品牌等方面的交易。

（三）完善文化经济政策

文化经济政策是对支持文化改革发展有关经济政策的统称。文化经济政策是文化宏观管理的重要手段，也是文化繁荣发展的有力保障，对文化产业和文化市场具有重要的扶持、激励和引导、调控作用。建立健全现代文化市场体系是一项系统工程，必须坚持政府主导，遵循市场经济规律和文化发展规律，积极发挥政策在宏观调控、市场监管和制度建设等方面的作用，为各类文化市场主体提供公平竞争的外部环境。

第一，对当前行之有效的文化经济政策进行延续和规范。在以往工作实践中，已经形成了一系列行之有效的政策措施。如：通过宣传文化专项资金、文化事业建设费和出版基金、电影基金等鼓励和调节文化创作生产，鼓励各类文化机构参与提供公共文化产品和服务，对转制中涉及的企业所得税、增值税等给予减免。这些政策要继续保留，并切实加以落实。对一

---

① 全国干部培训教材编审指导委员会：《推动社会主义文化繁荣兴盛》，人民出版社、党建读物出版社 2019 年版，第 163 页。

些成熟的现有政策，要及时将其上升为法律法规，提高政策约束力，增强权威性。如鼓励社会组织、机构和个人捐赠以及兴办公益性文化事业的税收优惠政策。

第二，对不适应实际需要的原有文化经济政策及时进行修订和完善。一方面，适应文化体制改革深入推进，经营性事业单位基本完成转企改制的新情况，对原有文化事业单位的一些规定作出必要的调整修改；另一方面，适应社会主义市场经济体制不断完善、财税体制等各方面改革日益深化的新形势。与完善多层次资本市场的要求相衔接，开发符合文化企业特点的金融产品和服务模式，拓宽文化产业投融资渠道。

第三，探索推动文化经济政策创新。学习国外促进文化发展的有益经验，借鉴其他行业改革发展的有效政策，突出文化领域特点，既要支持生产、销售产业链中间环节，也要扶持引导文化内容创意研发和提高文化消费在社会总消费中的比重。既要扶持国有文化企业发展，也要落实非公有制资本平等待遇；既要培育一批核心竞争力强的大型文化企业或企业集团，也要促进小微文化企业发展；既要推动传统文化产业转型升级，也要促进文化产业与旅游、体育、信息等产业融合，加快发展新型文化业态；既要关注文化企业利润指标，更要强化其社会责任和文化导向要求，通过政策创新进一步形成文化领域宏观调控目标和政策手段的机制化。

三、努力实现文化事业与文化产业协调发展

我们党始终注重促进文化事业和文化产业协调发展，党的十五届五中全会首次提出文化产业的概念；党的十六大正式将文化事业和文化产业区分开来，是对文化理论认识的重大突破；党的十七大进一步对二者作了论述，并强调要解放和发展文化生产力、提高国家文化软实力；党的十八大提出要推动文化事业全面繁荣、文化产业快速发展的要求；党的十九大明确把推动文化事业和文化产业发展作为坚定文化自信，推动社会主义文化繁荣兴盛的重要内容；党的二十大着重强调要繁荣发展文化事业和文化产业，推进文化自信自强，

铸就社会主义文化新辉煌。

（一）准确把握文化事业和文化产业的辩证关系

公益性文化事业和经营性文化产业都是文化发展中不可或缺的重要组成。公益性文化事业是维护公民基本文化权益、满足人民群众基本文化需求的重要保障，是维护公共文化生活的公平与正义，促进社会和谐稳定的必然要求；经营性文化产业是推动科学发展、转变经济发展方式的客观要求，是满足群众精神文化需求、保障人民文化权益的重要途径，也是提高我们国家文化软实力、扩大中华文化影响力的必由之路。[①]总的来看，文化事业与文化产业是相互关联的两个范畴，都以文化为内容，但性质、目标、方式、策略等各不相同。之所以要将文化事业与文化产业科学区分开来，主要是因为文化产品具有双重属性，既具有意识形态属性，又具有商品属性、产业属性、经济属性；具有两种功能，既具有社会功能即教化育人的功能，又具有经济功能即创造社会物质财富的功能；具有两个效益，既创造使用价值、满足人们文化消费需要、产生经济效益，又是特殊商品、产生社会效益。这一科学区分在理论上具有重要意义。它启示我们，推进社会主义文化建设应区分公益性文化事业和经营性文化产业，并根据它们各自的具体内容和形式，区别对待、分别发展。同时，要把握好文化产品的两种属性，正确处理两个效益的关系。

党的二十大报告指出，"坚持把社会效益放在首位、社会效益和经济效益相统一，深化文化体制改革，完善文化经济政策"[②]。这就为人们正确处理文化事业与文化产业的关系提供了基本遵循。不论是公益性文化事业，还是经营性文化产业，都要突出以文化人的功能。每个国家、每个民族、每个人都要有精神支撑，因此要充分发挥文化陶冶情操、凝聚力量、提振信心、鼓舞士气的重要功能。公益性文化事业、经营性文化产业，只是文化形式的差别、载体的不同，而承载的精神即文化的内核应是一致的，那就是必须以培育和

[①]　辛向阳：《准确把握文化事业与文化产业的辩证关系》，《郑州日报》2012年1月6日，第11版。

[②]　习近平：《高举中国特色社会主义伟大旗帜 为全面建设社会主义现代化国家而团结奋斗——在中国共产党第二十次全国代表大会上的报告》，人民出版社2022年版，第45页。

践行社会主义核心价值观、传播中国精神、发展中国特色社会主义先进文化为己任。因此，文化建设必须坚持社会主义先进文化前进方向，把社会效益摆在首位。发展公益性文化事业，就是要追求社会效益的最大化，不搞产业化，但也要在内部引入激励机制，改善服务；发展经营性文化产业，就是要在把社会效益放在首位的前提下，努力实现社会效益与经济效益的有机统一。当经济效益同社会效益发生冲突时，经济效益要服从社会效益。

在社会主义市场经济条件下，检验经营性文化产业产品和服务"两个效益"相统一的一个重要标准，就是要满足人民的基本文化权益和多样化文化需求，看人民群众喜欢不喜欢，是否愿意花钱购买和消费。购买优秀文化产品的人越多，受教育的群众就越多，经济效益越好，社会效益也就越广泛。从这个意义上说，没有经济效益，社会效益也是空的。但如果文化产品不讲社会效益，不符合人民群众健康有益的文化需求，在某些方面管理疏漏的情况下，即使暂时会有些蝇头小利，但终会被边缘化直至被逐出市场，经济效益也无从谈起。因此，实现社会效益与经济效益相辅相成、相互促进、有机统一，是经营性文化产业可持续发展的重要条件。要鼓励经营性文化单位创新体制机制，把面向群众、面向基层、面向农村与面向市场统一起来，认真做好市场调研，准确把握群众需要，在占领市场的过程中更好地服务群众，在服务群众的过程中更多地赢得市场，努力实现社会效益与经济效益的最大化。与此相适应，各级各类评奖机制也要进一步改革，改变一些地方和部门评奖过多过滥和文化产品只面向评委而不面向群众的弊端，把群众喜欢不喜欢、满意不满意、接受不接受、认可不认可作为评价文化作品的最终标准，在导向正确的前提下，将发行量、演出场次、票房收入和销售额作为衡量文化产品社会影响的客观指标，使评奖真正成为推动文化产品更好地面向市场、面向群众的重要宏观调控手段，催生更多"既叫好，又叫座"的精神文化产品，而不能使评奖成为"逆淘汰""反调控"的指挥棒。

（二）拓展文化事业与文化产业协调发展途径

文化事业与文化产业在相互配合和协调的情况下，文化事业与文化产业相互促进，文化事业的繁荣发展会为文化产业的发展培育出良好的文化土壤、消费人群，健康的文化产业也会带动文化事业的蓬勃发展。从文化建设的内容上看，统筹文化发展规划、整合文化建设力量是拓展文化事业与文化产业协调发展途径的重点。

第一，统筹文化发展规划。文化事业和文化产业虽然属性不同，但并不是截然分开的两个领域。少数人认为文化事业具有意识形态属性，是不能市场化的，而文化产业因追求经济效益必须在市场中生存。其实，这是一种误解。文化事业和文化产业都是满足人民群众文化需求的一种文化运行模式，价值主体的一致性决定了这两个领域你中有我、我中有你，这也是文化体制改革非常复杂的一个重要原因。从宏观层面来说，在制定文化发展规划时，要将两者统筹起来考虑，既要考虑到两者的差异性、不同步性，又要考虑到两者的互动性、一致性，在工作指导上确保不打乱仗。从微观层面来说，文化主体单位要统筹搞好文化事业的公益性服务和文化产业的经营性业务之间的关系。比如文化体制改革中，我国重要的新闻媒体都实行了向国有事业单位改制，同一个单位既要履行宣传党的路线方针政策等文化事业的功能，又要参与文化的市场化竞争，必须进行商业化运作才能确保生存。这两大业务板块之间的关系，就是文化事业与文化产业的关系，需要相互配合和协同发展。

第二，整合文化建设力量。由于文化建设内容复杂、涉及面广，组织和实施难度大，单靠哪一方力量都不足以实现文化繁荣发展。推进文化事业和文化产业协调发展，政府必须唱主角，同时要充分调动社会各方面力量参与的积极性，努力形成多元投入、协调发展的格局。社会主义市场经济条件下，文化资源配置由市场主导没有争议，政府的作用除了提供公共文化服务，完善公共文化服务网络，保证公共文化服务均衡化发展等文化事业性功能，还要为各类文化主体创造良好的政策环境和市场环境，采取政府扶持、补贴资助、减免税收等措施鼓励各类文化企业参与公共文化服务，这样就会使越来越多的文化企业在获得经济效益的同时推动文化事业的发展。社会力量在文化建设中的作用，主要体现在加快发展文化产业，促进产业结构优化升级，提高规模化集约化专业化水平，促进文化产品和要素合理流动，优化文化资源配置，优化文化产业结构布局，强化文化科技支撑，扩大和引导文化消费等方面。具体来讲，就是要加快完善现代文化市场体系和现代文化产业体系，重点任务是发挥重点文化企业辐射带动效应，形成文化产业基地化、集团化、园区化建设规模；加快文化与科技及其他产业的融合，发展新型文化业态；扩大文化对外贸易；等等。

第三，处理好促进繁荣与加强管理的关系。推动文化事业和文化产业协调发展，必须始终坚持"两手抓"，一手抓发展繁荣、一手抓加强管理。一是进一步创新管理理念，强化服务意识，寓管理于服务之中。要坚持用改革的办法解决管理中出现的问题，向体制要秩序。通过制定和完善法人、岗位、职业、产品等市场准入和退出机制，通过健全登记备案、年检制度、加强岗位培训等多种行业监管手段，强化行业自律，推动文化企业形成自我约束、自我监督、自我管理的良性发展机制，切实履行社会责任。二是进一步转变政府职能。按照建设法治政府和服务型政府的要求，推动文化行政管理部门逐步实现由办文化为主向管文化为主转变，由管微观向管宏观转变。要结合地方机构改革，加快推进城市综合文化行政主体改革和文化市场综合执法改革，切实理顺文化执法体制，解决多头执法、力量分散、执法水平不高的问题，不断提高文化市场管理水平。三是加大执法力度，依法保护知识产权，坚持不懈地开展"扫黄打非"，保证文化市场规范有序、健康发展。

（三）健全现代文化产业体系和市场体系

现代文化产业体系和市场体系是社会主义市场经济的重要组成部分，在促进国民经济发展、满足人民文化需求等方面发挥着重要作用。党的十八大以来，以习近平同志为核心的党中央高度重视文化产业发展。习近平总书记强调，要推动文化产业高质量发展，健全现代文化产业体系和市场体系，推动各类文化市场主体发展壮大，培育新型文化业态和文化消费模式，以高质量文化供给增强人们的文化获得感、幸福感。

第一，要增强文化市场主体竞争力。文化企业是文化市场的主体。增强文化市场主体竞争力，其一，大力推动国有经营性文化单位转企改制。在社会主义市场经济条件下，公有制在国民经济中占据主导地位，推动国有经营性文化单位转企改制依然要坚持这一原则，并在坚持这一原则的基础上以加快建立产权清晰、权责明确、政企分开、管理科学的现代企业制度为重点，积极创新体制、转换机制、面向市场、壮大实力，拓展出版、发行、影视、一般国有文艺院团改革成果，推动已转制文化企业完善法人治理结构，形成符合现代企业制度要求、体现文化企业特点的资产组织形式和经营管理模式，不断提高国有文化企业自主经营、自我创新水平，增强面向市场、参与竞争能力。其二，加快国有文化企业股份制改造。股份制是国有文化企业改革的方向和必由之路，有助于进一步激发文化市场活力。其三，推动文化企业跨地区、跨行业、跨所有制兼并重组。打破区域限制，突破行业壁垒，鼓励有实力的国有骨干文化企业以资本为纽带，实行跨地区、跨行业、跨所有制兼并重组，推动文化资源和要素向优质文化企业、优势文化产业集聚。但同时也要注意防止行业垄断。

第二，鼓励非公有制文化企业发展。其一，降低社会资本进入门槛。吸引更多社会资本进入文化领域，才能进一步激活文化市场的活力。深化文化体制机制改革，要在已放宽社会资本准入的基础上，减少不合理的准入限制，在国家允许的范围内，引导社会资本以多种形式投资文化产业，参与国有经营性文化单位转企改制。其二，扩大非公有制文化企业准入领域。以往的博物馆、文化艺术中心很多是由国家承办的，深化文化体制改革，就要允许非公有制文化企业参与对外出版、网络出版，允许以控股形式参与国有影视制作机构、文艺院团改制经营等，切实发挥好、引导好、保护好非公有制文化企业积极性。其三，支持各种形式小微文化企业发展。小微文化企业是活跃文化市场的基本力量，支持小微文化企业的发展有利于进一步解放和发展文化生产力，激发全民创业热情和文化创造活力，活跃文化市场。但小微企业抗风险能力弱，因此要采取有效措施，扶持小微文化企业发展，鼓励小微文化企业走"专、精、特、新"路子，重点支持有核心竞争力和发展潜力的小微文化企业进入创业板上市融资，逐步做大做强。

第三，创新现代文化市场体系建设的政策环境。其一，完善文化经济政策。

政策的好坏关系到现代文化市场体系建设的推进力度和实际成效。增加公共财政对文化建设的投入，提高文化支出在财政支出中的比重。其二，加强版权保护。要加强市场监管，完善文化立法，加大知识产权保护力度，依法惩处抄袭、盗版、非法出版、非法营销等侵犯知识产权的行为。其三，健全文化产品评价体系。全面贯彻"二为"方向和"双百"方针，牢固树立以人民为中心的工作导向。文化产品质量好坏不能靠经济效益去衡量，要把社会效益放在首位，因此，健全文化产品评价体系，要坚持把人民群众满意作为评价作品的最高标准，把群众评价、专家评价、市场检验统一起来。

第 十 章

增强中华文明传播力影响力

党的二十大报告对增强中华文明传播力影响力作出重要部署，充分彰显了新时代新征程加强中华文明国际传播能力建设的重要性和紧迫性，为中华民族伟大复兴提出了一项新的重大课题。习近平总书记在文化传承发展座谈会上发表的重要讲话，深入阐释中华文明的五个突出特征，深刻揭示"两个结合"特别是"第二个结合"的重大意义，指导我们更加深刻把握增强中华文明传播力影响力的深厚基础、内在动力和基本原则，在新的历史起点上继续推动文化繁荣、建设文化强国、建设中华民族现代文明。在新征程上推进强国建设、民族复兴伟业，文明的力量至关重要。增强中华文明传播力影响力是我们党统筹国内国际两个大局作出的战略部署，必须以习近平总书记相关重要论述为根本遵循，加强国际传播能力建设，全面提升国际传播效能，为以中国式现代化全面推进中华民族伟大复兴提供强大精神支撑。

一、增强中华文明传播力影响力的意义

（一）续写中华民族辉煌历史

五千年悠久灿烂的文明发展史，积淀出中华民族善于从历史联系中看待当下、审视问题的思维方式，孕育了中华民族在致敬历史中书写新的历史的独特文化传统。漫长的历史进程中，中华文明长期同世界其他文明互通有无、交流互鉴，中华民族卓越的文明成果和思想体系走向世界，为人类文明发展进步作出了重大贡献。张骞出使西域、日本遣使入唐、鉴真东渡、郑和七下西洋等可靠史实，都是中外文明交流互鉴的典型案例。近代以后，由于故步自封、闭关锁国，中国逐步沦为半殖民地半封建社会，中华文明的巨大影响力在中华民族被欺负、被压迫、被奴役的屈辱遭遇中不复存在，中华文明不

仅成为西方人眼中腐朽、落后和保守的象征，甚至也被很多中国人视为社会发展停滞的根源。但 1921 年中国共产党的成立深刻改变了中国人民和中华民族的前途和命运，从此，实现文化繁荣、文明兴盛，变革中国人的精神面貌，成为中国共产党人长期奋斗追求的宏伟目标。在波澜壮阔的伟大斗争中，中国共产党和中国人民始终保持高度的文化自觉自信，忠实传承和弘扬中华优秀传统文化，孕育创造了革命文化和社会主义先进文化。100 多年后的今天，中华文明再次焕发出无比强大的生机活力，中国人的文化自信也无比坚定、无比昂扬，我们比以往任何一个时代都更有条件破解"古今中西之争"。"江山留胜迹，我辈复登临"，正是有了来自历史的辉煌和现实的底气，站在新的历史起点上，党的二十大报告明确提出了增强中华文明传播力影响力的重要任务，为我们续写中华民族的辉煌历史指明了前进的方向。

（二）建设社会主义文化强国

文化在国际竞争中的地位和作用日益突出，各国家和地区文化国际影响力的较量也日渐激烈。越来越多的民族国家意识到民族文化国际影响力的提升不仅有助于加强各民族文化之间的交流与互动，增强彼此的理解，减少误解与冲突，推动建立良好的外交关系，还有助于改善经济全球化的不平等性和不平衡性，推动建立公正合理的国际政治经济新秩序。新时代十年，党和国家事业取得历史性成就、发生历史性变革，我国不仅站在了更高的发展起点，还日益走近世界舞台中央。但当今世界并不太平，我国发展也进入战略机遇和风险挑战并存、不确定难预料因素增多的时期。经受和战胜前行道路上的风险挑战，文化是重要的力量源泉。党的二十大报告将文化建设放在全局工作中的突出位置，把建成文化强国、增强国家文化软实力作为基本实现社会主义现代化的重要目标。建设社会主义文化强国，既是对内提升文化凝聚力的过程，又是加强对外文化交流和多层次文明对话、提升中华文明影响力的过程。新时代新征程，建成社会主义文化强国的使命任务，要求我们不断增强中华文明传播力影响力，提炼展示中华文明的精神标识和文化精髓，加快构建中国话语和中国叙事体系，运用融通中外的新概念、新范畴、新表述，更好传播中国声音、中国理论、中国思想，让世界更好读懂中国，从而为我国的改革发展稳定营造良好的外部舆论环境，为实现中华民族伟大复兴提供更加强大的精神力量。

（三）推动构建人类命运共同体

当前，世界百年未有之大变局加速演进，人类社会既充满希望，也面临前所未有的挑战，"世界怎么了""人类向何处去"成为世界各国都在思考的时代之题。中国共产党坚持胸怀天下，始终以世界眼光关注人类前途命运，提出了构建人类命运共同体的中国方案，主张建设一个持久和平、普遍安全、共同繁荣、开放包容、清洁美丽的世界。文明因交流而多彩，文明因互鉴而丰富，只有坚持推动人类不同文明的交流互鉴，才能促进民心相通，汇聚智慧力量，使世界各国人民在相互理解、相互尊重中共同建设一个命运与共的美好世界。中华文明是在与其他文明的交流互鉴中发展壮大的，它历经无数次历史和实践的检验，蕴藏着不少解决当代人类面临的难题的重要启示。增强中华文明传播力影响力，就是要传承弘扬中华文明兼收并蓄、开放包容的优良传统，着眼于我国和世界发展面临的重大问题，把中华文明蕴含的全人类共同价值弘扬出去，把我们开创的中国式现代化道路和一系列创新创造的文化成果介绍出去，推动中华文明同其他文明一道取长补短、共同进步，推动人类命运共同体建设，为应对人类的共同挑战贡献中国智慧和中国方案，让各国人民开创更有选择的未来。

二、更好构筑中国精神、中国价值、中国力量

习近平总书记在党的十九大报告中指出："当代中国共产党人和中国人民应该而且一定能够担负起新的文化使命，在实践创造中进行文化创造，在历史进步中实现文化进步！"[1]增强中华文明传播力影响力，让文化发挥"更基

---

[1] 习近平：《决胜全面建成小康社会 夺取新时代中国特色社会主义伟大胜利——在中国共产党第十九次全国代表大会上的报告》，人民出版社 2017 年版，第 44 页。

本、更深沉、更持久"的力量，需要构筑中国精神、中国价值、中国力量。习近平总书记在对全国道德模范表彰活动作出的批示中表示，"弘扬中华传统美德，弘扬时代新风，用社会主义核心价值观凝魂聚力，更好构筑中国精神、中国价值、中国力量，为中国特色社会主义事业提供源源不断的精神动力和道德滋养"①。

（一）传承传统美德，弘扬中国精神

提升中华文明传播力影响力，必须大力弘扬中国精神，弘扬以爱国主义为核心的民族精神和以改革创新为核心的时代精神。中华优秀传统文化是增强中华文明传播力影响力的根基。传统美德是在5000多年历史中流传下来的、有益于后代的优秀道德遗产。

在新时代背景下弘扬爱国主义，第一，要坚持爱国爱党爱社会主义相统一。新中国是中国共产党领导的社会主义国家，祖国的命运和党的命运、社会主义的命运密不可分。我们要明白，我们爱的"国"是中国共产党领导的社会主义中国。爱国就要拥护国家的基本制度，遵守国家的宪法法律，维护国家安全和统一，捍卫国家的利益，为国家繁荣发展贡献自己的力量，把爱党爱国爱社会主义统一于实现中华民族伟大复兴的历史进程中。爱国不能停留在口号上，而是要把自己的理想同祖国、民族的命运紧密联系起来。第二，爱国要维护祖国统一和民族团结。国家统一和民族团结是中华民族的根本利益所在。维护国家统一和民族团结，就要巩固和发展广泛的爱国统一战线，不断增强对中华民族、中华文化、中国共产党、中国特色社会主义的认同，坚决维护国家主权、安全和发展利益，反对一切分裂国家的图谋和破坏团结的言行。第三，尊重和传承中华民族历史文化。历史文化是中华文明的根基，尊重和传承中华民族历史文化，才能更好地做到"不忘本来"，并在此基础上更好地做到"面向未来"。同时，尊重和传承中华民族历史文化要旗帜鲜明地

---

① 《更好构筑中国精神、中国价值、中国力量 为中国特色社会主义事业提供精神动力和道德滋养》，《人民日报》2015年10月14日，第1版。

反对历史虚无主义，坚决同历史虚无主义作斗争。第四，坚持立足中国又面向世界。随着经济全球化的深入发展，世界经济文化之间的联系日益密切，在这样的背景下弘扬爱国主义，我们既要努力维护国家发展的主体性，维护国家权益，维护国家安全。但同时也要面向世界，积极同世界各国一起建设一个持久和平、普遍安全、共同繁荣、开放包容、清洁美丽的世界。

弘扬中国精神，需要弘扬以改革创新为核心的时代精神。改革创新是当代中国最突出、最鲜明的特点。当代中国的发展离不开改革创新，改革关乎国运，创新决定未来。党的十八大以来，以习近平同志为核心的党中央，全面深化改革，目前各领域改革已经取得突破性进展，文化体制机制改革也取得重大突破。当今国际竞争越来越激烈，改革创新是赢得未来的必然要求。当代青年要自觉树立改革创新意识，增强改革创新责任感，敢于突破陈规，积极投身改革创新实践，在实践中增强改革创新的本领。提升中华文明传播力影响力，需要我们立足中华优秀传统文化，创新方式方法，积极推动中华文化与世界各国文化的融合与发展。

（二）培育价值共识，凝聚中国价值

核心价值观承载着一个民族、一个国家的精神追求，体现着一个社会评判是非曲直的价值标准，增强中华文明传播力影响力，需要培养社会主义核心价值观。我们所提倡的核心价值观以富强、民主、文明、和谐，自由、平等、公正、法治，爱国、敬业、诚信、友善为主要内容。当今世界，文化软实力的竞争，本质上是不同文化所代表的核心价值观念的竞争。因此，我们要积极培育和践行社会主义核心价值观，增进国际社会对中国的了解，增强中华文化的国际传播力影响力。一方面，要在全社会领域培育和践行社会主义核心价值观。这是推动社会主义核心价值观走出去的前提，只有自己真学、真懂、真信、真用，才能真正发挥社会主义核心价值观的作用，增强其感染力。中华优秀传统文化是孕育社会主义核心价值观的土壤，在全社会领域培育和践行社会主义核心价值观，需要从中华优秀传统文化中汲取营养。不仅如此，培育和践行社会主义核心价值观还要将社会主义核心价值观融入社会生活各个方面，要在落细、落小、落实上下功夫，要坚持全民行动、干部带头，从家庭做起、从娃娃抓起。另一方面，还需要增强社会主义核心价值观的国际传播力影响力。要利用多种渠道和方式在世界范围内宣讲社会主义核心价值观，不仅要从国家层面加强对社会主义核心价值观的宣传，也要增强社会主义核心价值观在民间交流中产生的影响，既要采用影视、广告等传统宣传方式，也要采取直播、快闪等新型文化传播方式，了解受众喜好，采用更易于被其他国家和民族接受的方式弘扬社会主义核心价值观，从而引起共鸣。同时，我们要讲清楚社会主义核心价值观与西方"普世价值"的区别，讲清楚宣传社会主义核心价值观的目的和对世界文化发展的意义，反对文化霸权主义。

（三）提供中国方案，彰显中国力量

增强中华文明传播力影响力，还需要为解决全球性问题提供中国智慧、中国方案，从而彰显中国力量。随着经济全球化、贸易全球化的发展，各个国家和地区之间的联系日益紧密，人类所面临的问题仅靠一个国家、一个地区很难彻底解决，更多需要全人类共同的努力。在应对全球问题方面，中国也在积极为世界贡献自己的力量。在政治上，中国积极推动构建新型大国关系，反对霸权主义和强权政治，主张建立一个持久和平的世界，提倡在平等的基础上发展外交关系，主张走对话而不对抗、结伴而不结盟的国与国交往之道，为推动构建更加公正的国际政治秩序贡献出自己的力量。在安全上，中国坚持以对话解决争端、以协商化解分歧、统筹应对传统安全与非传统安全威胁，反对一切形式的恐怖主义。在经济上，中国大力发展社会主义市场经济，实施改革开放，作为世界第二大经济体，用自身的发展拓宽了发展中国家走向现代化的途径。在文化上，我们尊重世界文明多样性，反对文化霸权主义，通过"一带一路"建设，加强与共建国家的文明交流，加强文明互鉴、实现文明共存。在生态上，中国坚持走可持续发展之路，积极采取行动应对气候变化，制定了2030年前碳达峰、2060年前碳中和目标，提出了"绿水青山就是金山银山"的理念，为处理好经济发展与生态环境保护之间的关系提供了参考。

面对世界性难题，中国勇于担当、敢于作为，倡导建立新型国际关系，大力推进"一带一路"建设，积极推进人类命运共同体建设，在实践中一次又一次为解决世界性难题提出中国方案。这些方案的提出，让世界看到了不一样的中国，也逐渐赢得了世界的认可，彰显了中国力量。未来，增强中华文明传播力影响力，依然需要站在构建人类命运共同体的高度，积极为世界发展作出贡献。

三、讲好中国故事，增强国际话语权

落后就要挨打，贫穷就要挨饿，失语就要挨骂。中国共产党 100 多年来的奋斗历史就是带领人民不断解决"挨打""挨饿""挨骂"这三大问题。习近平总书记指出，"经过几代人不懈奋斗，前两个问题基本得到解决，但'挨骂'问题还没有得到根本解决"①，国际舆论"西强我弱"的格局依然没有转变，依然存在有理说不出、说了传不开的状况，依然存在着信息流进流出的"逆差"、中国真实形象和西方主观印象的"反差"、软实力和硬实力的"落差"，"挨骂"现象依然大量存在。讲故事是国际传播的最佳方式，讲好一个故事胜过万千大道理。② 在复杂的国际背景下，要增强我国的国际话语权，需要讲好中国故事，传播好中国声音，向世界展现一个真实的中国、立体的中国、全面的中国。我们的观念和主张要经常说、反复说，不能长在深山无人知。

（一）努力突出鲜明主题

讲好中国故事，首先要突出主题。中国故事最精彩的主题，是讲清楚中国共产党为什么"能"、马克思主义为什么"行"、中国特色社会主义为什么

---

① 习近平：《在全国党校工作会议上的讲话》，《求是》2016 年第 9 期。
② 中共中央宣传部：《习近平新时代中国特色社会主义思想学习问答》，学习出版社、人民出版社 2021 年版，第 329 页。

"好"。① 其一，中国共产党为什么"能"？为了改变旧中国落后挨打的现实，很多尝试均以失败告终。直到中国共产党的成立，才为中国未来的发展指明了方向。中国共产党自成立以来，一直坚持用马克思主义理论指导实践，坚持以人民为中心，并在实践中不断丰富和发展马克思主义。此外，中国共产党始终以自我革新的勇气解决党自身存在的问题，经受住时代和人民的考验。其二，马克思主义为什么"行"？马克思主义"行"的根本原因在于马克思主义的科学性，马克思主义揭示了人类社会发展的一般规律，剩余价值理论的发现揭露了资本家对工人阶级的剥削和压迫，唯物史观的确立找到了历史真正的主人。马克思主义的两大发现为人类从必然王国向自由王国的飞跃指明了道路，深刻地改变着世界。其三，中国特色社会主义为什么"好"？中国特色社会主义是我们在马克思主义指导下，结合中国革命、建设、改革的理论实践经验而逐步探索出的一条被实践证明了的正确的道路。历史和实践反复证明，只有社会主义才能救中国，只有中国特色社会主义才能发展中国，只有坚持和发展中国特色社会主义才能实现中华民族伟大复兴。

（二）积极创新方式方法

习近平总书记指出："讲故事，是国际传播的最佳方式。"② 但要讲好中国故事也要重视方式方法，不仅要让世界看到"我要传、我想传"，更重要的是做到"我能传"。当前我国文化传播中依然面临着想传传不出、数量大于质量、成果大于效果的国际传播困境。讲好中国故事的前提是要保证故事的真实性，在真实性的基础上讲情感、讲道理，同时，也要借助一些方法。第一，重视互联网作用，搭建文化传播平台。无论是地方媒体还是国家媒体，在与境外媒体合作方面都有很大空间等待我们去拓展，我们还要重视利用新媒体、社交媒体，加强民间交流，促进文化传播。第二，把握各民族受众的习惯和特点。

---

① 中共中央宣传部：《习近平新时代中国特色社会主义思想学习问答》，学习出版社、人民出版社2021年版，第329页。

② 《习近平在党的新闻舆论工作座谈会上强调：坚持正确方向创新方法手段 提高新闻舆论传播力引导力》，《人民日报》2016年2月20日，第1版。

不同民族和地区之间在风俗习惯、宗教信仰、语言表达等方面存在差异，所以在对外文化交流和传播过程中，我们要注重差异，因地制宜。如当年周总理用"中国的罗密欧和朱丽叶"推介越剧《梁山伯与祝英台》，使西方民众产生了强烈的情感共鸣。第三，采用大众喜闻乐见的方式。原来我们做版权贸易，只是将中国文化产品简单翻译销售，很难产生大的反响。但如今有些公司创新方式方法，如有游戏公司用三年时间，把《三国演义》《孙子兵法》做成了一款游戏，在欧洲叫作《列国的战争》，在美洲叫作《诸王的战争》，在非洲叫作《诸侯的战争》，在国外反响强烈。第四，把"自己讲"和"别人讲"结合起来，以情感人，在互动交流中推动中华文化的传播。

（三）提高国际传播能力

讲好中国故事，提高国际传播能力。传播力决定一个国家的影响力。第一，增强国际传播的底气。国际传播最大的底气就是我们为世界作的贡献。面对全球生态危机，中国在节能减排方面作的贡献；面对新冠病毒，中国在疫情防控方面作的贡献；面对恐怖主义，中国在反恐方面作的贡献；等等，这些都有目共睹，而这就是我们在国际舞台上讲好中国故事最大的底气。正如习近平总书记所说："我们有本事做好中国的事情，还没有本事讲好中国的故事？我们应该有这个信心！"[1]第二，硬件建设是增强国际传播能力建设的基础，搭建具有国际影响力的外宣旗舰媒体，对提高国际传播能力具有十分重要的作用。因此我们要大力增加多语种的中国对外媒体数量，直接在西方主流平台建发声平台，积极并购、参股国外媒体，借海外的新闻媒体作为我方话语平台。[2]第三，在搭建平台的基础上，积极提升媒体的公信力。提升媒体的公信力一方面要保证信息的公开透明，做到事实透明、真相透明，做好现场报道，在重要问题上绝不躲躲闪闪；另一方面要重视衡量传播效果，可以从以下三个维度进行，分别是"说了没有""听了没有""信了没有"，参考网友的点赞数、

---

① 《习近平关于社会主义文化建设论述摘编》，中央文献出版社 2017 年版，第 208—209 页。

② 郭光华：《我国媒体国际传播能力构建路径探索》，《现代传播》2015 年第 5 期。

转发量、评论态度等了解传播效果，针对其中发现的问题，进一步提升公信力。第四，善于借助外部力量，变"我说"为"他说"。这就意味着我们的对外传播要改变"自说自话"的状况，用好国外媒体，用好国外新媒体"意见领袖"，用"他者"的形象来反映"自我"，建构国家形象。①

（四）加强话语权建设

讲好中国故事，要加强话语权建设。但在当今国际舆论格局"西强我弱"的状况下，话语权建设存在诸多挑战，我们的对外传播话语体系没有完全建立起来，加强话语权建设任重而道远。加强话语权建设我们不仅要有底气，还要采取恰当的方法，正如习近平总书记强调的，"必须增强底气、鼓起士气，坚持不懈讲好中国故事，形成同我国综合国力相适应的国际话语权。话语的背后是思想、是'道'，要把'道'贯通于讲故事之中，通过引人入胜的方式启人入'道'，通过循循善诱的方式让人悟'道'"②。第一，塑形象。一个良好的国家形象更容易被其他国家所接受，习近平总书记指出要分别从历史文化、国情特色、外交政策和中国特色社会主义本质四个角度塑造中国的四种"大国形象"，即文明大国形象、东方大国形象、负责任大国形象、社会主义大国形象。③第二，建体系。习近平总书记在哲学社会科学工作座谈会上指出："面对世界范围内各种思想文化交流交融交锋的新形势，如何加快建设社会主义文化强国、增强文化软实力、提高我国在国际上的话语权，迫切需要哲学社会科学更好发挥作用。"④因此，我们要加快构建中国特色哲学社会科学学科体系、学术体系、话语体系"三大体系"，增强中国学术话语影响力。而这就需要我们在党的领导下，努力培育一批具有深厚马克思主义理论素养、专业基础扎实、水平较高的学科带头人和中青年学术骨干，打造具有中国特

---

① 王卫明：《提升中国国际传播能力对策探析》，《国际传播》2019 年第 1 期。

② 中共中央宣传部：《习近平新时代中国特色社会主义思想学习问答》，学习出版社、人民出版社 2021 年版，第 331 页。

③ 《建设社会主义文化强国 着力提高国家文化软实力》，《人民日报》2014 年 1 月 1 日，第 1 版。

④ 习近平：《在哲学社会科学工作座谈会上的讲话》，《人民日报》2016 年 5 月 19 日，第 1 版。

色的新概念新范畴新表述，将中国经验升华为具有自身特质和优势的学术主张、知识范式和理论观点。[①]第三，强外交。发展多边外交关系，不断扩大"朋友圈"，积极参与、支持联合国工作，坚定不移维护联合国宪章宗旨和原则，提高发展中国家在联合国的地位，致力于推动构建更加合理的国际政治经济新格局。

（五）积极奏响"交响乐"

讲好中国故事，要奏响"交响乐"。也就是说，要整合多方力量，讲好中国故事。第一，全民参与，讲好中国故事。不仅需要国家、政府的努力，也需要我们每个人的参与，人人都是中国故事的讲解员。这就要求我们培养高素质的国民，从而共同讲好中国故事。正如习近平总书记所说："讲好中国故事，不仅中央的同志要讲，而且各级领导干部都要讲；不仅宣传部门要讲、媒体要讲，而且实际工作部门都要讲、各条战线都要讲。"[②]第二，重视文艺的作用。"文艺是最好的交流方式"[③]，对加强与世界其他国家沟通、交流与合作发挥着桥梁的作用。艺术虽然具有意识形态的性质，但是其透过生动曲折的故事、栩栩如生的形象所表达的感情往往能够引起人们的共鸣，人们在情感上、思想上是相通的，从这个维度上讲文艺是一座桥梁，可以推动不同国家和人民更好地沟通交流。第三，充分发挥非政府组织的作用。非政府组织包括基金会、慈善组织、学会、协会、研究会、促进会等，涉及社会福利、教育医疗、生态环境、科学技术、文化艺术、国际合作等众多领域，非政府组织相对灵活，参与人员来自全球，且大家志趣相投，在沟通交流中可以加强对不同民族文化的了解，从而推动中华文化的传播。但我们也要注意，要加强对非政府组织的管理和引导，防止错误思潮的渗透。

---

① 殷文贵：《新中国70年中国国际话语权的演进逻辑和未来展望》，《社会主义研究》2019年第6期。

② 《习近平关于社会主义文化建设论述摘编》，中央文献出版社2017年版，第211页。

③ 习近平：《在文艺工作座谈会上的讲话》，人民出版社2015年版，第15页。

四、推动中外文化交流互鉴

交流互鉴是文明发展的本质要求。党的十八大以来，习近平总书记在多次讲话中谈到要推动中外文化交流互鉴。中外文化交流互鉴，不仅可以推动文化朝更加多元化、多样化的方向发展，还可以推动国家文化软实力的提升，提高国际话语权，坚定文化自信，增强中华文明传播力影响力。

（一）创新理念：打造交流新范式

为推动世界文化文明交流，习近平总书记提出了新型文明交流范式：以互相尊重、平等相待为基础，以开放包容、互学互鉴为路径，以和谐共生、美美与共为目标。

第一，以互相尊重、平等相待为基础。习近平总书记指出："不同国家、民族的思想文化各有千秋，只有姹紫嫣红之别，而无高低优劣之分。每个国家、每个民族不分强弱、不分大小，其思想文化都应该得到承认和尊重。"[1] 由于生活环境、人文环境不同，各个国家和地区在实践中形成了多彩的文化，我们不能单纯以经济是否发达、国家是否强盛为判断文化优劣的标准，因为文化自身本无高低优劣之分，也正是因为各种文化的存在，我们才能生活在一个多姿多彩的世界。各民族文化交流要做到互相尊重、平等相待就要反对文化霸权主义。文化霸权主义以唯我独尊的态度对待其他文化，并借助强大的资本、先进的技术、过硬的军事力量等条件，强行推行自己的文化。[2] 并且这些强行推行的文化往往是有选择性、目的性的，他们为了达到某种目的，选择性地输出某种文化，既包括标榜着自由、民主、平等的"普世价值"，也包括拯救世界的超级大国形象，而其目的只有一个，就是通过这种文化的输出和殖民，巩固自己的霸权地位。因此我们必须坚决反对文化霸权主义，才能构建起以互相尊重、平等相待为基础的新型文明交往范式。

---

① 《习近平著作选读》第一卷，人民出版社 2023 年版，第 280 页。

② 陈明琨：《理解习近平文明交流互鉴重要论述的四重维度》，《党的文献》2019 年第 3 期。

第二，以开放包容、互学互鉴为路径。开放包容、互学互鉴是指不同文明要求同存异、兼容并蓄，取长补短、相学相长。世界上"有200多个国家和地区、2500多个民族、70多亿人口，搞清一色是不可能的"[①]，所以我们必须以开放的心态接受不同民族文化，吸收其他民族文化中优秀的部分，反对封闭僵化。因为"不同文明、制度、道路的多样性及交流互鉴可以为人类社会进步提供强大动力"[②]。而历史和现实一次次告诉我们，封闭僵化只能自取灭亡，但当前在全球兴起的逆全球化、贸易保护主义，并没有意识到这一点，反而试图通过缩小自己的"朋友圈"来彰显自身的优越，通过贸易保护、关税壁垒筑起一道防御高墙，它们隔绝了风雨，但同时也隔绝了阳光。历史惨痛的教训告诉我们"应该少一点傲慢和偏见、多一些尊重和包容"[③]，以开放包容、互学互鉴为路径，推动全球文化的繁荣发展。

第三，以和谐共生、美美与共为目标。和谐共生、美美与共就是要在尊重文化多样性的前提下，互相尊重、同舟共济，各种文明取长补短、同放异彩。努力以文明交流超越文明隔阂、文明互鉴超越文明冲突、文明共存超越文明优越，这是世界文明发展的大势。文明的和谐共生本质上是人的和谐共生，我们倡导推动"一带一路"建设，就是以"一带一路"为依托，加强共建国家之间的联系，满足共建国家对美好生活的追求，探索全球治理新模式，为推动世界文化大繁荣大发展搭建平台，为世界和平发展贡献力量。文明的美美与共就是要让不同地域、不同国家、不同民族、不同信仰的文明能量打破隔阂、消解冲突，文明价值充分涌流，文明之花尽情绽放，共同演绎"美美与共，天下大同"的文明盛况。

---

① 《习近平主席在出席亚太经合组织第二十六次领导人非正式会议时的讲话》，人民出版社2018年版，第5页。

② 《习近平主席在出席亚太经合组织第二十六次领导人非正式会议时的讲话》，人民出版社2018年版，第6页。

③ 《习近平主席在出席亚太经合组织第二十六次领导人非正式会议时的讲话》，人民出版社2018年版，第6页。

（二）搭建平台：推动文化交流传播

加强中外文化交流传播，需要借助合适的平台，深化拓展和有效利用各种类型的文化交流平台和载体。

第一，举办文化交流活动。党的十八大以来，以习近平同志为核心的党中央高度重视对外文化交流，既重视与美国、俄罗斯、欧盟等发达国家和地区的文化交流，也重视同印度尼西亚、巴基斯坦、坦桑尼亚等第三世界国家发展文化合作关系，全方位地开展对外文化交流。我国积极筹建"一带一路"，加强同共建国家和地区的文化交流，也积极参加各国组织的文化交流活动。例如，习近平总书记多次参加不同国家开展的文化和旅游年等活动，不仅加强了同世界各国的联系，也推动了国家层面的文化交流与合作。但文化交流发展不仅需要国家层面的互动，还需要民间群众的交流。群众的民间交流形式丰富多样，既包括本土企业与外国企业的交流，也包括国内外高校及学生之间的交流，同时还包括私人交流，这些形式广泛的交流活动推动着不同文化之间的交流融合，但这些文化交流活动具有自发性、分散性、随意性等特点，其稳定性、规范性相对较差。针对这些问题，国家需要不断完善人才交流、文化交流和高层对话机制，建立更多的友好交流城市，以此为经济、政治、能源等领域争取更多的合作机会。

第二，利用现代传媒手段搭建文化交流平台。当今社会，无人不网、无处不网、无时不网，互联网缩短了人与人之间的距离，也促进了文化的交流与传播。新时代背景下，推动文化交流传播，需要充分发挥互联网作用，搭建文化交流平台。首先，要重视文化交流旗舰媒体的搭建，"要加强国际传播能力建设，增强国际话语权，集中讲好中国故事，同时优化战略布局，着力打造具有较强国际影响的外宣旗舰媒体"[①]。旗舰媒体在文化交流过程中发挥着引领作用，要重视宣传内容的筛选和语境构建，既要突出中国特色，也要满足群众需求。其次，要掌握先进的文化传播技术，传媒效果受技术的影响，

---

① 《习近平在党的新闻舆论工作座谈会上强调：坚持正确方向创新方法手段 提高新闻舆论传播力引导力》，《人民日报》2016年2月20日，第1版。

我们可以应用移动直播、虚拟现实等技术手段，也可以采用快闪、互动 H5、线下体验等方式组织文化交流活动，将先进的对外传播技术方法融入报、网、端、微、屏等多种传播载体之中，克服文明交流互鉴中技术方法的缺陷。最后，要注重打造高素质文化传播队伍。文化传播队伍的组建决定着文化交流平台的长期发展质量，文化交流平台要注重对人才的吸引，让高校人才、外语人才、媒体人才、留学人员、华人华侨以及国外人才等各类人才资源同频共振。[①]

第三，充分发挥"一带一路"的作用。习近平总书记 2013 年提出共建"一带一路"重大倡议，之后"一带一路"建设不仅拉动了共建国家和地区经济的发展，密切了外交关系，也带动了共建国家和地区之间文化的交流。要充分发挥"一带一路"促进文化交流的作用，要以尊重其他民族的文化为前提，也就是我们所说的"人道化"，要尊重共建国家和地区人民的生活习惯，关心共建国家人民群众的生活需求、消费需求，在文化交流过程中不过多干预当地人的生活。由于不同文化之间存在差异，在交流中难免发生冲突，这就需要及时沟通，多听对方的声音，切忌独白式自说自话。此外，我们还可以挖掘不同文化中的共同记忆，寻找共性，凝聚价值共识，推动文化交流和传播。

（三）扩大影响：提高文化开放水平

第一，全面扩大对外文化交流。这要求我们必须加强总体规划和协调，凝聚各方力量，发挥各方面的积极性。不仅要从政府层面加强对外文化交流，而且也要加强民间的文化交流，不仅要调动国内因素，还要借助国外力量，形成对外文化交流的合力。不仅如此，我们积极探索文化交流的特点和规律，加大对中华文化的研究力度，同时要抓住国外受众的兴趣点、关注点，抓住时机，增强文化交流效果。

第二，进一步改进对外宣传。中国需要了解世界，世界也需要了解中国。在当前的国际局势下，要学会引导国际舆论，让世界更好地了解中国，并且要抓住时机，利用重大体育赛事，如冬奥会等契机，向世界展示真实的中国。

---

① 陈明琨：《理解习近平文明交流互鉴重要论述的四重维度》，《党的文献》2019 年第 3 期。

同时我们要适应国外受众需求的变化，文化传播方式要贴近世界其他国家、地区人民的思维习惯、生活方式、文化信仰，采取灵活多样的文化传播方式。

第三，不断加强国际传播能力建设。传播力决定影响力，但是在目前"西强我弱"的国际话语体系中，在对外传播方面，我国依然处于不利地位。我们要严厉抵制西方媒体对中国的不实宣传，主动向世界传播中国声音。这要求我们要紧跟时代步伐，积极利用新媒体，重视软硬件设施的建设和维护，着力打造语种多、受众广、信息量大、影响力强、覆盖全球的国际一流媒体，向世界展示真实的中国。

第四，大力发展对外文化贸易。发展对外文化贸易，对于拓展我国文化发展空间，培育我国文化优势，维护我国文化利益，具有十分重要的作用。发展对外文化贸易，既要注重经济效益，更要注重其所形成的国际影响力。因此，在发展对外文化贸易过程中，我们要重视文化内容建设，把具有中国特色、中国风格、中国气派的优秀文化作品推向世界。此外，也要积极鼓励大型国有企业参与文化出口，支持非公有制文化企业到境外开拓市场，壮大对外文化贸易队伍。

第五，切实维护国家文化安全。在国际文化交流过程中，不仅中华文化走向世界，世界文化也进入中国，在文化交流日益频繁的今天，一定要重视维护国家文化安全。在文化交流过程中，我们要擦亮双眼，始终保持清醒头脑，牢固树立文化安全观念，增强主动性、掌握主动权、打好主动仗。

参考文献

一、经典文献

《马克思恩格斯文集》第 1—10 卷，人民出版社 2009 年版。

《马克思恩格斯选集》第 1—4 卷，人民出版社 2012 年版。

《列宁选集》第 1—4 卷，人民出版社 2021 年版。

《毛泽东选集》第 1—4 卷，人民出版社 1991 年版。

《毛泽东文集》第 6—8 卷，人民出版社 1999 年版。

《邓小平文选》第 1—3 卷，人民出版社 1994 年版。

《江泽民文选》第 1—3 卷，人民出版社 2006 年版。

《胡锦涛文选》第 1—3 卷，人民出版社 2006 年版。

《习近平谈治国理政》，外文出版社 2014 年版。

《习近平谈治国理政》第二卷，外文出版社 2017 年版。

《习近平谈治国理政》第三卷，外文出版社 2020 年版。

《习近平谈治国理政》第四卷，外文出版社 2022 年版。

《习近平著作选读》第一卷，人民出版社 2023 年版。

《习近平著作选读》第二卷，人民出版社 2023 年版。

《习近平新时代中国特色社会主义思想学习纲要》，学习出版社、人民出版社 2023 年版。

《论党的宣传思想工作》，中央文献出版社 2020 年版。

《论中国共产党历史》，中央文献出版社 2021 年版。

《习近平关于社会主义文化建设论述摘编》，中央文献出版社 2017 年版。

《习近平关于社会主义精神文明建设论述摘编》，中央文献出版社 2022 年版。

《习近平关于网络强国论述摘编》，中央文献出版社 2021 年版。

《青年要自觉践行社会主义核心价值观——在北京大学师生座谈会上的讲话》，人民出版社 2014 年版。

《在纪念孔子诞辰 2565 周年国际学术研讨会暨国际儒学联合会第五届会员大会开幕会上的讲话》，人民出版社 2014 年版。

《在纪念红军长征胜利 80 周年大会上的讲话》，人民出版社 2016 年版。

《决胜全面建成小康社会 夺取新时代中国特色社会主义伟大胜利——在中国共产党第十九次全国代表大会上的报告》，人民出版社 2017 年版。

《高举中国特色社会主义伟大旗帜 为全面建设社会主义现代化国家而团结奋斗——在中国共产党第二十次全国代表大会上的报告》，人民出版社 2022 年版。

中央文献研究室：《建国以来重要文献选编》（第 13 册），中央文献出版社 1996 年版。

中央文献研究室：《十八大以来重要文献选编》（上），中央文献出版社 2014 年版。

中央文献研究室：《十八大以来重要文献选编》（中），中央文献出版社 2016 年版。

中央文献研究室：《十九大以来重要文献选编》（上），中央文献出版社 2019 年版。

中央文献研究室：《十九大以来重要文献选编》（中），中央文献出版社 2021 年版。

《中国共产党第二十次全国代表大会文件汇编》，人民出版社 2022 年版。

《中共中央关于党的百年奋斗重大成就和历史经验的决议》，人民出版社

2021 年版。

《中共中央关于深化文化体制改革推动社会主义文化大发展大繁荣若干重大问题的决定》，人民出版社 2011 年版。

二、学术著作

欧阳雪梅：《新时代的文化建设》，当代中国出版社，重庆出版社 2022 年版。

李大光：《无形疆域安全：新时代网络空间安全战略研究》，研究出版社 2022 年版。

李厚翌：《当代中国文化发展战略研究》，首都经济贸易大学出版社 2021 年版。

李为君：《乡风文明的塑造：改革开放以来农村文化建设研究》，首都经济贸易大学出版社 2021 年版。

李颖：《文献中的百年党史》，学林出版社 2020 年版。

沈壮海：《文化强国建设的中国逻辑》，人民出版社 2017 年版。

陈先达：《文化自信与中华民族伟大复兴》，人民出版社 2017 年版。

齐丹丹：《中国文化软实力研究》，光明日报出版社 2017 年版。

雷巧玲，田建军：《中国梦视域下文化强国战略研究》，中国社会科学出版社 2017 年版。

戴兆国：《走向文化强国的道德基石：培育和践行社会主义新道德》，人民出版社 2017 年版。

干成俊：《走向文化强国的精神动力：弘扬民族精神和时代精神》，人民出版社 2017 年版。

王先俊：《走向文化强国的理论旗帜：坚持马克思主义指导思想》，人民出版社 2017 年版。

姚宏志：《走向文化强国的精神支柱：坚定中国特色社会主义共同理想》，人民出版社 2017 年版。

汪幼海：《全球辐射影响力：文化软实力创新发展战略研究》，上海社会科学院出版社 2017 年版。

刘佳：《中国文化软实力战略转向研究》，中国法制出版社 2017 年版。

彭东琳：《列宁文化建设思想研究》，中国政法大学出版社 2017 年版。

高英彤：《文化软实力：理论与实践》，东北师范大学出版社 2016 年版。

王永章，胡惠林：《中国文化发展指数报告》，上海人民出版社 2016 年版。

贾磊磊：《提高国家文化软实力研究》，中国文联出版社 2016 年版。

李慎明：《国际交往与文化软实力：兼论中国特色社会主义新文化战略》，湖南大学出版社 2016 年版。

梁虹：《媒体视角下的世界文化》，中国社会科学出版社 2016 年版。

沈壮海：《文化如何成为软实力》，天津教育出版社 2016 年版。

洪明星：《当代中国文化体制改革逻辑研究：以国家、市场、社会关系为视角》，高等教育出版社 2016 年版。

苗瑞丹：《中国文化发展成果共享研究》，中国社会科学出版社 2016 年版。

马建辉：《朝向远大理想的精神构建：中国特色社会主义文化建设研究》，中国人民大学出版社 2016 年版。

李建中：《文化关键词研究》，武汉大学出版社 2016 年版。

哈姆，斯曼戴奇：《论文化帝国主义：文化统治的政治经济学》，曹新宇译，商务印书馆 2015 年版。

鲍曼：《后马克思主义与文化研究》，黄晓武译，江苏人民出版社 2011 年版。

张双棣，张万彬，殷国光：《吕氏春秋译注》，北京大学出版社 2015 年版。

哈贝马斯：《理论与实践》，郭官义，李黎译，社会科学文献出版社 2010 年版。

亨廷顿：《文明的冲突与世界秩序的重建》，周琪译，新华出版社 2009 年版。

墨菲：《文化与社会人类学引论》，商务印书馆 2009 年版。

刘明君，郑春来，陈少岚：《多元文化冲突与主流意识形态构建》，社会科学文献出版社 2008 年版。

本尼特：《文化与社会》，王杰译，广西师范大学出版社 2007 年版。

拉德布鲁赫：《社会主义文化论》，米健译，法律出版社 2006 年版。

默克罗比：《后现代主义与大众文化》，田晓菲译，中央编译出版社 2006 年版。

陈先达：《文化自信：做理想信念坚定的中国人》，吉林人民出版社 2017 年版。

刘德定：《当代中国文化软实力研究》，人民出版社 2013 年版。

惠鸣：《文化强国：理论与实践》，社会科学文献出版社 2013 年版。

范英，夏俊杰，刘小敏：《文化强国论》，广东高等教育出版社 2013 年版。

汤普森：《意识形态与现代文化》，高话译，译林出版社 2012 年版。

方克立：《中国文化的综合创新之路》，中国社会科学出版社 2012 年版。

骆郁廷：《文化软实力：战略、结构与路径》，中国社会科学出版社 2012 年版。

郭建宁：《中国文化强国战略》，高等教育出版社 2012 年版。

马力，于春福，杨梅枝：《建设社会主义文化强国研究》，西北工业大学出版社 2012 年版。

肖冬松：《马克思主义及其中国文化研究散论》，人民出版社 2016 年版。

三、报刊文章

习近平：《在教育文化卫生体育领域专家代表座谈会上的讲话》，《人民日报》2020 年 9 月 23 日。

习近平：《在哲学社会科学工作座谈会上的讲话》，《人民日报》2016 年 5 月 19 日。

习近平：《在文艺工作座谈会上的讲话》，《人民日报》2015 年 10 月 15 日。

习近平：《扎实推动共同富裕》，《求是》2021 年第 10 期。

习近平：《在第十二届全国人民代表大会第一次会议上的讲话》，《人民日报》2013 年 3 月 18 日。

习近平：《在纪念孔子诞辰 2565 周年国际学术研讨会暨国际儒学联合会第五届会员大会开幕会上的讲话》，《人民日报》2014 年 9 月 25 日。

习近平：《在庆祝中国共产党成立 100 周年大会上的讲话》，《人民日报》2021 年 7 月 2 日。

习近平：《把培育和弘扬社会主义核心价值观作为凝魂聚气强基固本的基础工程》，《人民日报》2014 年 2 月 26 日。

习近平：《牢记历史经验历史教训历史警示 为国家治理能力现代化提供有益借鉴》，《人民日报》2014 年 10 月 14 日。

习近平：《在文化传承发展座谈会上的讲话》，《求是》2023 年第 17 期。

习近平：《把中国文明历史研究引向深入 增强历史自觉坚定文化自信》，《求是》2022 年第 14 期。

习近平：《在党史学习教育动员大会上的讲话》，《求是》2021 年第 7 期。

习近平：《用好红色资源 赓续红色血脉 努力创造无愧于历史和人民的新业绩》，《求是》2021 年第 19 期。

习近平：《在中国文联十一大、中国作协十大开幕式上的讲话》，《人民日报》2021 年 12 月 15 日。

王思北：《为人民放歌 为时代铸魂》，《光明日报》2021 年 12 月 13 日。

杨凤城：《党领导文化建设的成就和经验》，《学习时报》2021 年 11 月 5 日。

于绍良：《加快推进媒体深度融合发展》，《人民日报》2023 年 4 月 24 日。

任飞凡：《"以艺通心，更易沟通世界"》，《人民日报》2022 年 9 月 23 日。

《中共中央办公厅、国务院办公厅印发关于实施中华优秀传统文化传承发展工程的意见》，《人民日报》2017 年 1 月 26 日。

《中办国办印发〈关于加强网络文明建设的意见〉》，《人民日报》2021 年 9 月 15 日。

孟宪平：《百年文化路 一部经验史》，《广西日报》2021 年 11 月 16 日。

《中华人民共和国 2021 年国民经济和社会发展统计公报》，《人民日报》

2022 年 3 月 1 日。

《中华人民共和国国民经济和社会发展第十四个五年规划和 2035 年远景目标纲要》，《人民日报》2021 年 3 月 13 日。

张小平：《新时代中国文化发展战略的内涵及世界意义》，《中国社会科学报》2018 年 9 月 6 日。

金民卿：《两个文明协调发展与当代中国文化发展战略》，《中原文化研究》，2016 年第 1 期。

杨立新，王丽：《文化发展战略要素及其策略选择》，《天津大学学报（社会科学版）》2007 年第 1 期。

李德顺：《简论文化发展观与我国文化体制改革》，《文化学刊》2006 年第 1 期。

罗忠荣：《论树立互联网的"阵地"意识》，《重庆邮电大学学报（社会科学版）》2011 年第 2 期。

王小溪：《地市级媒体深度融合实践新进展》，《中国广播影视》2023 年第 7 期。

刘灿华：《党的十八大以来我国网络法治建设的成就与经验》，《法治现代化研究》2022 年第 3 期。

慎海雄：《坚持守正创新 深化媒体融合 奋力打造国际一流新型主流媒体》，《中国网信》2022 年第 3 期。

祝青：《问计于财 借力于智——县级媒体智库建设的目标和路径》，《新闻战线》2023 年第 2 期。

杨凤城：《中国共产党对文化地位与作用的百年认知》，《党史研究与教学》2021 年第 4 期。

欧阳雪梅：《中国共产党百年来文化建设的理论指引》，《人民论坛》2021 年第 17 期。

欧阳恩良：《中国共产党百年来领导文化建设的基本经验》，《光明日报》2021 年 4 月 7 日。

祁述裕：《光荣与梦想：百年文化体制机制建构历程和特点》，《人文天下》

2021 年第 3 期。

刘荣刚：《中国共产党百年制度建设的成就与经验》，《中国党政干部论坛》2021 年第 11 期。

李振：《中国共产党百年发展历程的文化逻辑与文化主流》，《同济大学学报（社会科学版）》2021 年第 3 期。

曹润青：《中国共产党百年来文化建设的主题、本质与道路》，《党政研究》2021 年第 1 期。

万光侠：《百年文化建设的历史经验》，《红旗文稿》2021 年第 20 期。

李文堂：《中国共产党百年文化成就》，《中国党政干部论坛》2021 年第 10 期。

李振：《中国共产党百年发展历程的文化逻辑与文化主流》，《同济大学学报（社会科学版）》2021 年第 3 期。

杨凤城：《党领导文化建设的成就和经验》，《学习时报》2021 年 11 月 5 日。

吴义勤：《百年中国文学的红色基因》，《光明日报》2021 年 6 月 22 日。

辛鸣：《马克思主义中国化"两个结合"的理论创新逻辑》，《光明日报》2021 年 12 月 29 日。

谢伏瞻：《习近平新时代中国特色社会主义思想实现了马克思主义中国化新的飞跃》，《光明日报》2021 年 12 月 14 日。

陶文昭：《"时代精华"的深刻内涵》，《中国社会科学报》2021 年 12 月 28 日。

张占斌：《彰显中国智慧 标注马克思主义发展新高度》，《光明日报》2021 年 12 月 6 日。

金民卿：《中华文化和中国精神的时代精华》，《红旗文稿》2021 年第 22 期。

欧阳雪梅：《中国共产党用好红色资源赓续红色血脉的历史考察》，《中国井冈山干部学院学报》2021 年第 6 期。

徐功献：《中国红色文化百年变革求真的历史演进与传承路径》，《湖南社会科学》2021 年第 3 期。

郭晓冉：《中国共产党凝聚文化"精神力量"的百年历程与当代启示》，《中国广播电视学刊》2021 年第 10 期。

刘水静：《接续奋进建成文化强国——改革开放决策前后邓小平布局文化发展的历史经验与深刻启示》，《湖北社会科学》2021 年第 10 期。

黄韫慧：《中国文化产业政策演进与"十四五"优化策略》，《南京社会科学》2022 年第 1 期。

邵坚宁：《中国文化产业政策变迁特征及其启示——基于 1978—2020 年政策文本的析》，《中国海洋大学学报（社会科学版）》2021 年第 6 期。

董史烈：《新时代我国文化产业价值取向的改进路径》，《中华文化论坛》2021 年第 3 期。

易玲等：《我国非物质文化遗产保护 30 年：成就、问题、启示》，《行政管理改革》2021 年第 11 期。

柯晓兰：《改革开放以来我国乡村文化政策的演进与启示——基于 23 个中央一号文件的分析》，《大连干部学刊》2021 年第 7 期。

谭好哲：《百年中国马克思主义文艺价值观的思想谱系与理论积淀》，《文学评论》2021 年第 3 期。

王炳林：《中国共产党教育思想发展的百年考察》，《南开学报（哲学社会科学版）》2021 年第 3 期。

后 记

本书以习近平文化思想为指导，全面贯彻党的二十大精神，坚持理论与实践、历史与逻辑、守正与创新的统一，紧紧围绕中国特色社会主义文化发展战略这一基本问题，全面阐述以习近平同志为核心的党中央在新时代坚持和发展中国特色社会主义文化的战略谋划和决策部署，为新时代新征程推进社会主义文化强国建设提供参考。

本书由国防大学国家安全学院高宁、空军研究院某所张光山和国防大学国家安全学院李晓阳分工合作完成，具体分工为：第一、二、三章，高宁；第四、五、十章，李晓阳；第六、七、九章，张光山；第八章，高宁、张光山、李晓阳。此外，高宁还承担组织拟定提纲和统稿工作。在写作过程中，得到了国防大学国家安全学院李海涛副院长、郭海军主任、颜旭副主任、孙岩教授、王一新副教授、陈中奎副教授的支持和帮助。人民日报出版社葛倩编辑提出了重要修改意见。在此一并表示感谢。

本书吸取和借鉴了国内外专家学者的研究成果，受篇幅所限，书末参考文献难免有所遗漏，特此说明并表示感谢。

由于时间紧迫，水平有限，书中难免有疏漏和不妥之处，敬请广大读者批评指正。